秭归长江公路大桥
PPP项目建设模式

主　编　马尚钦　何秄僳
副主编　谭　建　余先见

武汉大学出版社

图书在版编目(CIP)数据

秭归长江公路大桥PPP项目建设模式/马尚钦,何秄傑主编.—武汉:武汉大学出版社,2019.10
ISBN 978-7-307-21173-5

Ⅰ.秭… Ⅱ.①马… ②何… Ⅲ.政府投资—合作—社会资本—应用—公路桥—桥梁工程—研究—秭归县 Ⅳ.U448.14

中国版本图书馆CIP数据核字(2019)第203955号

责任编辑:王 荣　　责任校对:李孟潇　　版式设计:马 佳

出版发行:**武汉大学出版社** （430072　武昌　珞珈山）
（电子邮箱:cbs22@whu.edu.cn 网址:www.wdp.com.cn）
印刷:北京虎彩文化传播有限公司
开本:720×1000　1/16　印张:16　字数:222千字　插页:1
版次:2019年10月第1版　　2019年10月第1次印刷
ISBN 978-7-307-21173-5　　定价:49.00元

版权所有,不得翻印;凡购买我社的图书,如有质量问题,请与当地图书销售部门联系调换。

《秭归长江公路大桥 PPP 项目建设模式》
编委会

主　编：马尚钦　何秄僳
副主编：谭　建　余先见
编　委(按姓氏音序排列)：

　　　　陈建毅　陈启荣　董越英　何文杰　何秄僳
　　　　黄力华　李　强　梁冠亭　刘　旭　吕远波
　　　　马千里　马尚钦　宋剑飞　谭　建　汪　红
　　　　王同民　魏泽川　夏文辉　肖开乾　徐　茂
　　　　许　鑫　颜君臣　余　森　余先见

主　审：卢　辉　何晓鸣
副主审：卢　涛　杨　勇　张国强　汪小南　权元安
审定委：唐云伟　黄文云　谭健康　宋俊华　谭永高
　　　　张周平　梅　元　陈　建　向　军

前　言

近年来，随着我国交通事业的快速发展和社会主义新农村建设的大力推进，公路工程建设滞后成为县域经济发展必须要解决的问题。一方面，由于县域经济条件落后，交通建设条件恶劣、施工技术复杂；另一方面，地方政府财政资金紧张，融资压力过大，使得地方政府难以独自投资建设大型公路工程项目，大大阻碍了新农村建设和县域经济的发展。为改变这一困境，将PPP模式引入县域经济下大型公路工程项目建设中，鼓励社会资本积极参与公路项目的投资、建设、运营和维护，不仅能够减轻县级政府的财政压力，转变政府职能，而且可以借鉴和学习社会资本方先进的管理方式和施工技术，培养本地专业化人才，促进县域经济可持续发展。秭归长江公路大桥是我国交通部门第一个以县级人民政府为业主的重大交通基础设施PPP投资建设项目。此项目的成功建设为县域经济下的基础设施PPP模式的投资建设积累了经验，值得总结推广。

一是，秭归长江公路大桥项目自三峡大坝建成之日就被纳入秭归县政府规划，历经三个五年计划之期，秭归县地方政府探索出以县级政府为主体兼以社会资本为合作伙伴的地方重大交通基础设施项目PPP投资建设管理模式。

二是，规划识别是政府和社会资本选择公共基础设施PPP项目模式的理论依据和科学方法。因此，各级政府必须做好公共基础设施建设实施规划。完整的规划体系必须包括长远的发展战略、中长期发展规划、近期规划和五年计划。科学的规划体系应该把规划论证与评价纳入其中，并且规划论证的方法必须进行机会可行性研究和社会经济与环境的规划评价。合理的规划体系还应将投资管理纳入其中，中长期发展规划投资估算可以采用总价估算法，近期发展规划可以采用定额估算法。

三是，可行性研究论证不仅是政府层面，更是社会资本层面对规划识别的PPP项目进行投资决策的理论依据和科学方法。因此，PPP项目投资决策必须进行项目可行性研究论证。完整的可行性研究应该是机会可行性研究、预可行性研究和工程可行性研究相结合，其完整度应根据规模的大小和项目的级别而定；我国现行的项目可行性研究只包括后两项，尚未开展机会可行性研究。科学的可行性研究论证包括环水保（环境保护、水资源保护）、土地、资源、文物、防汛、通航等专项论证。PPP项目必须进行物有所值评价。我国现行国民经济与财务评价采用的影子价格是口岸价格，与正在走向富强的中国不相符，建议采用资源预测价格作为国民经济评价的影子价格，并按影子收费价格进行财务评价。这样才是合理的可行性论证评价。

四是，秭归长江公路大桥PPP项目实施的全过程都存在风险，风险来源于各个生产要素，包括建设市场、融资渠道、建设环境等，这些均存在不确定性。风险造成的影响和损失，有时单独存在，有时影响所有生产要素，甚至会造成PPP项目的失败。因此，为应对风险，须建立全过程、全员的识别、评估、预测、预防管理机制。把不同的风险分配给能够应对某种风险的各参建单位，是PPP模式风险共担这一机制的体现，是PPP项目成功的保障。秭归县政府正是这样做的，它承担了包括投资建设、征地拆迁、因建设造成的损失补偿、项目建设区域的社会稳定、水陆运输保障与交通安全以及政治保障等主要风险，并且经过秭归县大桥建设领导小组全体的共同努力，把风险降低到最小程度，确保了长江大桥成功建成通车。

五是，对PPP项目的招标采购，政府和社会资本双方都必须高度重视，重视程序、规范操作、公平竞争、公正评价以及科学合理的报价。重视程序和规范操作是指做好PPP项目招投标的市场测试、采购准备、采购前的沟通等前期准备工作；公平竞争和公正评价是公平、公正、公开、透明，不容许暗箱操作、不容许地方保护主义；科学合理的报价包含着标底与投标价格，PPP项目应以公共服务和社会效益最大化为原则，在反对暴利的同时维护投资者长期稳定的合法利益。

六是，鉴于公路工程PPP项目的公益性、社会性及其产权为国民所有的属性，公路工程PPP项目必须有一个最小限额（≮）要求，以满足国家、社会和人民群众的最低出行需求，满足城镇布局和新农村建设规划的最基本要求，满足工农业生产发展和国民经济发展需求，满足货运物流通行能力的基本要求，满足可持续发展需求。这就是最小限额设计要求。其有别于长此以往的限额（≯）设计理论。公路工程PPP项目设计最佳方案和合理造价的阈值应介于公路工程最小限额设计与公路工程极限限额和最大限额设计之间。

七是，认真履行合同，执行科学的施工管理是公路工程PPP项目施工造价控制的最有效手段。建立科学合理的施工管理体系和质量安全保障体系，严格按照施工组织设计做好施工计划管理、技术管理、全面质量管理，严格进行定额管理、成本管理、变更管理、合同管理和跟踪审计，方能实现施工成本效益最大化。

八是，秭归长江公路大桥预防性养护是实现运营期间成本效益最大化的主要途径，通过预防性养护，可以维持长期良好的桥梁使用性能。这不仅能降低运营管理和养护费用，延长使用寿命，更重要的是极大地减少了潜在的交通安全事故风险，全方位提高了交通运输效益。

秭归长江公路大桥预防性养护后评价是实现全寿命周期成本效益最大化的重要手段、方法和途径，应力求能反映桥梁工程预防性养护的特点，达到检验预防性养护措施的工艺效果、评价预防性养护管理决策技术、总结成败、核算成本、计算经济效益、评价社会效益、积累数据供同类工程参考的目的。

本书的编著依托"县域经济下的PPP建设管理模式在秭归长江公

前　言

路大桥中的应用研究"课题，以秭归县屈乡交通建设开发有限公司为主体，武汉工大研究所有限公司、武汉轻工大学、湖北秭兴长江大桥建设开发有限公司等参建单位共同参与，在秭归县政府、秭归长江大桥建设领导小组和建设指挥部的领导下，在秭归县交通运输局、县财政局等单位的大力支持下，总结秭归长江公路大桥PPP项目投资建设经验，将理论与实践相结合，总结模式，介绍方法，实践运用，为成功建设秭归长江公路大桥起到了重要的指导作用，可为同类PPP项目建设借鉴参考，推广价值重大。

编者

2019年7月

目 录

第1章 秭归长江公路大桥 PPP 项目概述 ······················ 1
  1.1 PPP 项目研究背景 ··································· 2
  1.2 国内外研究现状 ····································· 6
  1.3 交通运输业 PPP 项目发展现状 ······················· 13
  1.4 研究的目的、意义与必要性 ··························· 17
  1.5 秭归长江公路大桥 PPP 项目概况 ····················· 22

第2章 现行公路工程 PPP 项目前期工作管理 ················ 24
  2.1 现行公路工程项目前期工作管理 ······················ 24
  2.2 现行公路工程 PPP 项目前期工作管理 ················· 26

第3章 秭归长江公路大桥 PPP 项目规划识别 ················ 31
  3.1 完善的公路工程 PPP 项目前期工作管理 ··············· 31
  3.2 公路工程 PPP 项目规划识别 ························· 35
  3.3 公路工程 PPP 项目规划的立项评估 ··················· 44
  3.4 秭归长江公路大桥 PPP 项目规划识别 ················· 47

第4章 秭归长江公路大桥 PPP 项目可行性论证与投资决策 ······· 52
  4.1 公路工程 PPP 项目论证阶段的可行性研究 ············· 52
  4.2 秭归长江公路大桥 PPP 项目的可行性论证 ············· 63

1

第5章　秭归长江公路大桥PPP项目风险评估决策 …………… 98
5.1　PPP项目的风险管理 ……………………………………… 98
5.2　PPP项目风险评估 ………………………………………… 112
5.3　PPP项目风险分担机制 …………………………………… 118
5.4　秭归长江公路大桥PPP项目风险决策 …………………… 125

第6章　秭归长江公路大桥PPP项目招标采购 ………………… 132
6.1　PPP项目采购模式 ………………………………………… 132
6.2　秭归长江公路大桥PPP项目招标采购 …………………… 140

第7章　秭归长江公路大桥PPP项目建设管理 ………………… 154
7.1　PPP项目建设管理模式 …………………………………… 154
7.2　PPP项目筹备工作 ………………………………………… 162
7.3　PPP项目实施与建设 ……………………………………… 165
7.4　秭归长江公路大桥PPP项目实施与建设 ………………… 169

第8章　秭归长江公路大桥竣(交)工验收管理 ………………… 195
8.1　竣(交)工验收前的准备工作 ……………………………… 195
8.2　交工验收管理 ……………………………………………… 196
8.3　竣工验收管理 ……………………………………………… 202

第9章　秭归长江公路大桥PPP的项目绩效及后评价 ………… 206
9.1　秭归长江公路大桥PPP项目试运营管理 ………………… 206
9.2　秭归长江公路大桥PPP项目全寿命周期的价值管理 …… 208
9.3　秭归长江公路大桥PPP项目的绩效评估 ………………… 216
9.4　秭归长江公路大桥PPP项目绩效监测 …………………… 222
9.5　秭归长江公路大桥PPP项目移交 ………………………… 225
9.6　秭归长江公路大桥PPP项目后评价 ……………………… 229

参考文献 …………………………………………………………… 241

第 1 章　秭归长江公路大桥 PPP 项目概述

PPP（Public Private Partnership）即政府和社会资本合作，是公共基础设施中的一种项目运作模式。PPP 项目能解决政府发展公用事业资金不足的瓶颈，通过市场机制可以更加灵活地运作，对社会资源进行优化配置，目前正被广泛应用于交通运输业中。PPP 融资模式不仅可以减轻政府债务压力，而且利于政府和社会资本互相取长补短，充分发挥市场机制的作用，激发经济活力和创造力。PPP 模式引入国内后，经过近几年的发展，已在城市及发达地区得到广泛应用，也已形成了 BOT、BT、TOT 等较为成熟的模式，却很少将其应用到经济水平低下、技术落后的县域经济公路工程建设中。因此，从 PPP 模式的机制出发，将其与县域经济条件下公路工程的建设相结合，从而加快政府职能转换，从根本上解决公路工程资金短缺的问题，并拓宽了融资渠道，探索了一种新的融资模式。

但是在 PPP 模式中，因为缺乏有效的造价监督机制，造成了一定的资源浪费，也给 PPP 项目运作带来了一定的问题。本章从交通运输业 PPP 项目投资管理实践角度出发，阐述了交通运输业 PPP 发展现状、造价管理在交通运输业 PPP 模式应用的必要性与存在的问题，分析了投资管理在交通运输业 PPP 模式中的应用方式，为投资管理在交通运输业 PPP 项目中的应用提供一定的借鉴。

1.1 PPP 项目研究背景

1.1.1 研究背景

交通运输业与人类生活息息相关，它不仅加强了地区与地区之间的联系，而且对国家经济的战略布局与协调发展具有重要的战略意义，适宜采用 PPP 模式。同时，交通运输业 PPP 项目具有项目规模大、合作时间长、运作机制复杂等特点，容易受到社会环境、经济环境、工程管理建设环境等诸多因素的影响，在瞬息万变的市场环境下，存在着众多的不确定性，无论是政府方还是社会资本方在项目进行的不同时期都要承担一定的风险。因此，进行投资管理和风险控制研究就显得尤为重要。

公路工程作为县域条件下重要的基础设施产业，担负着农产品的运输和商品交换的重任，是县域经济发展的命脉，加快县域条件下公路工程建设将会促进城乡协调发展、优化城镇化布局和形态、缩小城乡差距和提高经济可持续发展的能力。与城市经济水平高、管理人才丰富和施工技术先进等条件相比，县域经济技术落后、融资条件困难、管理人才急缺、承担风险过大，对于大型公路工程的建设可望而不可及。在这样的背景下，如何调动社会资本投入公路工程建设，如何分担风险，如何改变政府投资的单一融资方式，成为亟待解决的问题。PPP 模式作为一种新的融资模式，政府既可以利用社会资本先进的施工技术和管理能力进行公路工程的建设，社会资本也可以得到优惠政策以及受到良好的监管而保证施工质量，政府和社会资本各自发挥其优势和经验，达成一种共同建设、风险共担的平等合作关系。

秭归长江公路大桥位于宜昌市秭归县。秭归县地处湖北省西部、长江西陵峡畔，是长江三峡工程坝上库首第一城，是三峡地区主要中转港口和旅游城市。根据《湖北省骨架公路网规划》，秭归长江公路大桥是兴山至五峰公路跨越长江的节点工程，其建成后必将成为鄂西地区南北向出行的主要联系通道。项目向北延伸连接G42沪蓉高速，向南延伸沟通G50沪渝高速，将有效拓展沪蓉及沪渝两条国家干线高速公路的辐射影响力，在方便秭归南北两地过江出行的同时，大幅提升三峡库区及周边其他地区如神农架、巴东等地的公路运输条件。

在此情况下，我们研究县域经济PPP融资模式在公路工程的运用，一方面可以指导秭归长江大桥顺利建设，另一方面也可为县域经济下PPP融资模式在其他大型基础设施项目的运用提供参考。

本研究依托秭归长江公路大桥PPP项目实践，借鉴国际上认可的PPP模式理论和PPP项目全寿命周期工程投资管理理论与方法，从研究秭归长江公路大桥PPP项目全寿命周期（包括PPP项目识别、规划立项、建设管理、运营养护、移交、拆除等阶段）投资管理问题的角度出发，探讨建立既适合我国国情又符合国际惯例的公路工程PPP建设项目全寿命周期动态投资管理理论框架和基础方法，总结秭归长江公路大桥PPP项目建设投资管理经验，改进现有公路工程项目建设投资管理模式与方法，合理确定和有效控制工程造价，提高公路工程PPP项目建设投资决策水平和投资效益。

秭归长江公路大桥是我国交通运输部门以县级人民政府为业主的第一个交通建设重大工程PPP项目。秭归长江公路大桥PPP项目的成功建设，不仅是为秭归县在三峡库区西陵峡口建成了一座跨越长江和香溪河口的公路大桥，更是为全国交通运输行业在公路工程重大PPP项目建设中积累了投资建设管理经验，可供同类项目借鉴与参考。

1.1.2 县域经济背景

县域是我国现阶段行政区划的概念，也是国民经济中具有区域性、相对独立性的基本经济单位。县域经济则是以县级行政区划分地理空间，以县级政权为调控主体，以市场为导向，优化配置资源，具有地域特色和功能完备的区域经济。经过改革开放40余年的发展，县域经济已经成为国民经济的基础层次和基本细胞，县域经济的强弱直接关系到国民经济的兴衰。

县域经济的发展要从政策方针、生产方式、成本结构、收入来源等多个方面考虑，多种因素促成了县域经济的社会布局和规模结构。本书所研究的"县域经济"可以从以下几个方面界定。

(1) 政策方针支持。县域经济想要发展，必须有国家政策的大力支持，在政策的引导和国家专项资金的投入下，县域经济才能在良好的政策环境中发展。同时，县域经济可以正确把握宏观经济调控的重点，鼓励和支持发展先进生产能力，转变经济增长方式，提高经济发展的协调性和可持续性。秭归县作为长江三峡库区的重要城市，有很多的政策大力支持其发展。

(2) 经济水平低下。县域经济水平低，财政压力大，难以靠政府自身独立完成基础设施项目的建设，但又不得不修建地方基础设施以增进县域经济的发展。秭归县是国家级贫困县，经济水平较低，难以靠政府投资承担建设秭归长江公路大桥的任务，而秭归长江公路大桥的建设可以带动秭归县经济的发展。这非常符合所研究的县域经济特征。

(3) 地理区位优势。地理区位是项目建设的一个重要因素，区位优势代表项目建成后可以带来巨大的经济价值。秭归长江公路大桥是连接沪蓉高速和沪渝高速的节点工程，建成后可以整合该区域的交通网，对于辐射周边交通有很大的意义，因此在地理区位上有很大优势。

(4) 资源丰富。县域经济的发展必须有特有的资源开发，通过基础设施的建设可以拉动外销、吸引外资，加强对外交流、资源交换等，以此带动经济的发展。秭归长江公路大桥周边旅游资源、水果等特产资源丰富，大桥的建成可以整合秭归县长江与香溪两河三岸库区的旅游资源，形成旅游圈，从而带动沿线经济的发展。

通过以上分析，本书所研究的县域经济主要是针对经济水平较低，产业结构单一，当地政府无法独自承担大型基础设施项目的建设，但又具有地理位置优势，且项目建设地资源丰富，建成后可以大大提高经济水平、带动区域经济可持续发展的县域城镇。

1.1.3 公共产品理论基础

公共产品理论，是新政治经济学的一项基本理论，也是正确处理政府和市场关系、政府职能转变、公共服务市场化等的基础理论。按照萨缪尔森(Samuelson)(2014)的定义，一个人消费的公共产品或劳务不会导致别人对该种产品或劳务消费的减少，而且公共产品与私人产品之间有显著的效用差异，公共产品具有不可分开性、消费的非竞争性和收益的非排他性等特征。根据非排他性程度，公共产品又分为两类，即纯公共产品和准公共产品。纯公共产品同时具备非排他性和非竞争性，具有较强的公共服务功能。准公共产品不具备完全的公共性，并拥有一定的私有性，不可多人同时消费和使用。私人产品则具有排他性和竞争性的双重属性。事实上，准公共产品与其他产品并不具备可量化的区别。具有非竞争性与非排他性的公共产品随着社会经济环境的发展可以转化为准公共产品，而社会技术进步的同时也可以使某些物品具有公共物品的特点。也就是说，准公共产品与纯公共产品之间是可以相互转化的。

秭归长江公路大桥属于公路工程项目，公路工程作为基础设施，既可以归类为公共产品，也可以归类为准公共产品。公路工程的建设既可以由政府部门承担，也可以让私人部门参与进来合作完成。依据准公共产品的特性，提供准公共产品的部门可以凭借准公共产品获得一定利益，并通过定价机制来调节准公共产品的供应量，由此实现市场资源配置的优化和效益最大化。另外，随着技术水平的提升、管理的规范、施工技术的标准化，准公共产品完成的效率、质量得到大幅度提高。因此，政府部门与社会资本合作的这种准公共产品是有价值的，既可以体现投资部门提供产品的高效率，又可以在政府部门的监管下避免完全私有化而存在市场调节失灵的问题。

1.2 国内外研究现状

1.2.1 国外研究现状

PPP是英文Public Private Partnership的简称，直译为公私合作关系，起源于20世纪90年代的英国，是社会资本参与基础设施建设和公共事业项目融资运营的一种制度创新。

起源于英国的PPP当时被称为PFI(Private Finance Initiative)，是一种比较有代表性的合作形式，最早使用的目的仅仅是为了避免项目成本的超支。只有在私营企业能比公共部门更有效地控制成本时，才使用私人融资，目的主要是帮助政府减少债务、控制预算。随着各国及其学者对PPP模式的探索，政府对于项目的实施由公共部门的管理向私营部门管理进行转移，包括基础设施项目和公共产品服务。在经验的积累和熟练运用下，政府开始将管理甚至融资等事项交由私人部门运作，私人部门拥有的权利更大，承担的风险也更多，最后逐渐形成较为广泛的、多种多样的PPP融资模式，私人部门在项目建设中扮演的职能也各不相同。

英国PPP项目的实践范围涵盖交通、环保、医院、学校、劳工、社会福利、国防、监狱、住宅、政府办公室及社区开发等各个领域，对英国政治、经济及社会的发展产生了深刻的影响。美国是最早提出以PPP替代PFI专用名词的国家，在不断探索中得到了其他各国的认可，PPP的概念遂沿用至今。葡萄牙在1997年引入PPP模式，首先将其运用在公路网的建设上，截至2006年，在这10年期间，公路里程比原来增加了一倍；除公路以外，正在实施的工程还包括医院的建设和运营、修建铁路和城市地铁。巴西于2004年12月通过《公私合营(PPP)模式》法案，该法案对国家管理部门执行PPP模式下的工程招投标和工程合同的签订做出了具体的规定。2004—2007年的四年中，巴西已有23

项公路、铁路、港口和灌溉工程作为 PPP 模式的首批招标项目，总投资 130.67 亿雷亚尔(巴西货币)。

除了各国政府对 PPP 模式不断探索和大量实践之外，各国学者也对 PPP 模式进行了深入研究。

Scott R. Fosler 和 Renee A. Berger(1982)运用实证分析的方法，研究了美国 7 座代表城市中政府吸引私营部门参与，以提供更好的公共产品和服务的做法，指出应该根据城市的自然条件、经济结构和政治体制特点，因地制宜地选择合适的公私协作模式。

Harvey Broks，Lance Lineman 和 Corinne S. Schlling(1984)从福利经济学的角度探讨了公私协作中公共部门和私营部门各应扮演什么样角色，以及如何恰当评估私营部门合适的参与程度以兼顾公平和效率。尤其可贵的是，他们还对跨国公司以公私协作方式参与公共基础设施建设的问题进行了初步探讨。

Luisa Affuso，Julien Masson 和 David Newbery(2000)在《比较新交通(公路和铁路)基础设施投资》中，在一个既有框架分析的基础上评估了典型的城市间公路和铁路项目的投资。

N. L. Louie(2003)研究了城市高速公路系统中次优拥挤定价的经济效率问题。Grimsey Lewis(2004)从参与 PPP 项目的公共和私人部门实体的角度出发，建立了 PPP 项目的风险评价框架，并且通过苏格兰的一个废水处理 PPP 项目进行了实证分析。

Christiall Von Hirschhausen，Thorsten Beckers 和 Andreas Brenck(2011)在《基础设施的长期管制和投资》中探讨了一系列与基础设施管制及投资相关的议题，得出了对于网络型产业应当放松管制并促成其私有化的结论。

以上学者主要是运用实证分析、相互对比等方法从经济学角度、参与者角度探索 PPP 模式运用，推动了 PPP 模式的发展。

Jean-Etienne de Bettignies 和 Thomas W. Ross(2004)利用基本的经济学原理，分析 PPP 项目的真实成本和效益以及 PPP 模式的适用性，从而创造出良好的公共服务机制，提高经济效益和社会效益。

2004年，O'Donnell，Vicki，O'Mahony和Cathal研究了PPP模式在提高城市居民与外国游客在当地旅游消费方面的作用，以促进当地经济发展。

2005年，美国学者M. A. Mastoid和M. Enfield等人对利比亚某城市的固体废物处理采用PPP模式前后的成本、员工薪水与绩效作了比较，得到的结论是：采用PPP模式进行固体废物处理能花费更少的成本且产生更大的效益。

2005年，P. R. Newswire通过运用创新的融资方式及PPP模式使经济适用房重新占领市场，并提供了节能住宅给低收入家庭。

2006年，Dawson和Lisa研究创新的公私合营模式促进了加菲尔德县清洁能源在科罗拉多州的发展。加菲尔德县成立地方经济发展委员会，通过参加展览吸引新的业务，帮助当地企业成长，并寻求替代能源的开发。

2009年，Ilene Dorf Manahan研究了"S-2299/A-4048"法案，并通过提供奖励津贴，建立了一个经济复苏和增长的资助计划，从而将PPP模式引入校园建设项目中，以满足他们日益增长的融资需求。

2010年，Siemiatycki通过对英国1987年至2009年期间PPP项目的分析，研究了PPP模式影响项目实施的正反两方面机制：一方面，PPP有关各方的多次合作有助于降低交易成本并鼓励创新；另一方面，过于稳定的关系可能会减少竞争，进而导致成本上升和质量下降。

2010年，Nobuhiko Daito和Chen Zhenhua等人以美国495高速公路项目为例，介绍了在2008年经济危机的阴影下，弗吉尼亚州通过PPP项目的立法以及在公路工程建设中的应用，使PPP模式发挥了巨大作用并对美国经济产生深远的影响。

2010年，Geary Caitlin和McFarland Christiana认为PPP模式有利于地方经济发展、降低地方经济预算约束和经济衰退程度。地方政府的利益在于普遍的福利改进，而私营部门的利益是投资的回报。

2013年，George Schin 在 *Risk in Contemporary Economy* 中发表了一篇总结某个案例项目成功实施的文章，其中强调了当地发展规划中的行动与目标。在该案例中，弗朗恰县通过运用 PPP 模式，加强了该地竞争优势并保障了罗马尼亚东南部的可持续发展。

2014年，Abouzar Zangoueinezhad 和 Adel Azar 在研究 PPP 模式作为经济增长和国内生产总值(GDP)的驱动力的规模和性质的关系中，讨论了 PPP 的创新性、价值和类型，并将它与扶持性的政策、有力的经济增长结合起来。

通过总结发现，外国学者大多从经济学角度探讨 PPP 模式的经济价值、回报机制，强调的是公共部门和私人机构共同合作的创新模式，只有 Nobuhiko Daito 和 Chen Zhenhua 等(2013)从 PPP 模式在公路工程建设中发挥的作用及影响这个角度进行分析，但对于具体使用的融资模式、在实施过程中双方的利益分配、风险分担以及具体实施过程则研究不多，对于本书所研究的县域经济下 PPP 融资模式在公路工程的运用更是很少提及。

1.2.2 国内研究现状

我国对 PPP 模式的探索相对于国外起步较晚，但对于 PPP 模式背后隐藏的公私合营概念可追溯到 20 世纪初。1906 年 6 月开工的新宁铁路是我国第一条民办铁路，它从筹备、设计、修建、经营到管理都由新宁铁路公司完成，其建造成本全部从民众出行费用中筹集，主要收入来源于客运，同时也得到了官方的大力支持，为我国 PPP 模式发展提供了借鉴。

国内 PPP 模式主要是指具体的 PPP 合作模式。自 1995 年实施第一个由国家计委正式批准的 BOT 试点项目以来，虽然几经反复，但 PPP 模式仍然得到了长足发展。中国目前实施的 PPP 项目已超过 7000 个，其中污水处理行业有 2000 个以上，燃气行业有 1000 个以上，市政道路项目则有 3000~4000 个(含 BT 项目)。此外，在城市供水、垃圾处理、交通运输、电厂、学校、医院乃至城镇开发领域，也都有不少以PPP模式实施的案例。

除了政府对PPP模式不断探索之外，国内一些学者把PPP模式融资理论、融资模式与我国的实际情况相结合，分别从不同角度对我国PPP模式的应用进行了研究。

袁乐平、卢明湘和李曦坤（2002）分析出资金短缺是我国基础设施发展不足的直接原因，多元化的融资结构是发展基础设施产业的必然趋势。民营资本进入基础设施领域在理论和实践上是可行的，对缓解基础设施产业资金短缺是必要的，对提高投资效率、促进经济增长、加快体制改革等具有重要的作用。但由于存在市场准入和行政管制等障碍，民营资本的进入受到严重制约。为化解民营资本进入的障碍，应该从投资范围、融资渠道和法规体系等方面制定措施，吸引和鼓励民营资本投资基础设施领域。

彭华（2007）对PPP的定义和分类进行了有益探讨，并结合中国实际和行业特点，探索研究了两种切合中国轨道交通项目的PPP模式——前补偿模式和后补偿模式。他还以我国第一例采用PPP方式的融资方案的北京地铁四号线为研究实例，针对政府管制中最为关键的地铁票价政策，从经济学和公共管理学的角度，分析票价问题在PPP运作中的作用，尝试确定我国地铁票价管制模式取向，为建立完善的适合我国国情的市场化地铁票价政策提出了新思路。

韩红云（2008）提出，PPP模式应用于高速公路建设，促进了投资主体多元化，拓宽了项目融资渠道，充实了项目资本金。在缓解政府压力的同时，也减轻了政府经济负担，转变了政府职能。社会资本参与项目建设能推动各项工作的创新，提高工作效率，传播先进的管理理念和管理模式。

曹聪（2013）在分析公路工程项目实施周期长、施工技术要求高、受环境影响较大以及PPP融资结构复杂、涉及主体较多等特点的基础上，运用定性与定量分析相结合的方法，通过"两个维度、五个步骤"

构建了风险识别系统，重点阐述了关键风险因素的识别，为 PPP 融资模式下公路工程项目的风险识别提供了借鉴。

韩男(2018)在分析 PPP 模式与基础设施项目的基本理论的基础上，结合长春龙嘉机场综合交通枢纽项目，采用 PPP 模式设计相关方案，包括运作模式、融资方案、运营与维护方案、项目执行要点、合同体系及回报机制等方面，并就宏观政策层面、组织建设、法律制度完善、激励约束机制、监督机制及信息公开制度等提出相应保障措施，同时深入分析项目开展过程中面临的风险，并在此项目引入 PPP 模式实现风险防范和化解方面提供了一些合理化建议。

以上学者提出了 PPP 模式运用后带来的价值和风险因素识别产生的借鉴作用，主要突出了 PPP 模式的优势及其经济价值，但对 PPP 模式下的具体融资模式没有详细介绍。国内学者除了对城市建设 PPP 项目和主要发达地区基础设施项目进行研究外，还对县域经济条件不发达地区进行了 PPP 模式应用研究。

吕华鲜、尧丹俐(2010)通过分析广西桂林市灵川县域旅游业发展的内外部因素，对灵川县域旅游的进一步发展进行了探索和研究，提出赶超战略发展县域旅游，即采用 PPP 模式加大旅游基础设施建设、塑造良好的旅游形象、加强板块型区域旅游合作等县域旅游发展思路。

张汉飞(2013)指出了县域城镇化建设的重大意义及其发展的强资本约束，主张采用扩展 PPP 模式来化解强资本约束，并提出了一些建议以促进 PPP 模式有效扩展。他认为，通过市场机制将投入与产出有机联系起来是化解县域城镇化建设强资本约束的新方法。

何秄傑(2014)在《区域城市交通规划理论·模型·方法》中提出了中小城市的公路规划理论，为 PPP 项目规划识别奠定了理论基础。

余华、彭程甸(2015)认为制度环境日益成熟、成功经验不断积累、社会资本充裕为县域基础设施建设应用 PPP 模式提供了良好基础，而经济发展总体水平不高、城镇化水平低、基础设施建设薄弱、资源环境承载能力弱、地方政府财力不足则制约着 PPP 模式应用到县域基础设施建设的深度与广度。推进县域基础设施建设的 PPP 模式应用，应当厘清"权力清单""负面清单""责任清单"，创新政府监管、权力监督、资金筹集以及中介机构和专门人才培养机制。余华和彭程甸还通过对我国县域基础设施建设现状进行分析，结合现有文献，运用 Cite Space V 可视化分析软件绘制基础设施建设 PPP 模式应用的主要研究者图谱、研究机构图谱及演变趋势图谱，归纳该领域热点关键词列表，梳理县域基础设施建设 PPP 模式发展情况及研究现状，以期不断提升县域基础设施建设 PPP 模式应用理论研究水平和实践推广能力。

柯拥军(2015)结合县域经济发展情况和湖北省阳新县实际经济发展现状，提出了创新运用 PPP 模式的范围和重点领域，并对加强创新运用 PPP 模式进行了探索。

田晓娟(2016)在《PPP 模式对县域经济发展的促进作用》一文中介绍了当前县域经济发展面临的困境、PPP 模式的主要优势及应用，并通过华夏幸福产业造城固安项目案例来分析 PPP 模式对县域经济发展的促进作用。

叶帅(2016)通过分析县域经济推动 PPP 模式应用的背景、县域经济发展 PPP 模式的基础和县域经济发展 PPP 模式的制约因素，提出了县域经济推动 PPP 模式发展的方法。

马尚钦、余先见(2018)通过对湖北秭归长江公路大桥 PPP 项目投资评估和 PPP 项目投资风险分析，提出了秭归长江公路大桥 PPP 投资建设的对策建议，并设计提出了秭归长江公路大桥工程接线方案。

李均龙、李福华(2018)根据我国农村水利设施的某些性质和准公共产品的特性，将 PPP 模式引入农村水利建设中，运用 SWOT 分析方法，研究 PPP 模式在农村水利建设应用中的优势与劣势、机遇与威胁，提出 PPP 模式有准备阶段、招标阶段、融资阶段、实施阶段四个阶段。并通过对安丘市农田水利灌溉工程实例进行实证分析，从项目的筹资方式、项目的经济收益、项目的风险管理、项目的操作模式等方面研究 PPP 模式在具体项目中的应用。

李强(2019)以秭归县香溪长江公路大桥投资建设为例，对典型的 PPP 融资模式(包括 BT、BOT、狭义 PPP 模式)运用于香溪长江公路大桥建设中进行分析，阐述其运作步骤并对其评价分析，通过在狭义 PPP 模式的基础上，结合 EPC 模式，设计出 PPP+EPC 融资模式运用于香溪长江公路大桥的建设。最后，结合秭归长江公路大桥的投资建设，提出基于虚拟标杆的 PPP 项目综合绩效评价体系，并重点说明了香溪长江公路大桥运用 PPP+EPC 融资模式对秭归县政府的影响和项目本身带来的价值，呼吁政府建立健全相关法律法规，充分发挥各参与方的作用，加强领导管理能力和本地人才的培养，并通过一定的奖励机制，达到进一步推广 PPP+EPC 融资模式在县域经济下其他大型基础设项目应用的目的。

余森(2019)在总结现行监理体系基础上，提出以社会监理为主导、企业内部监理为核心、质监局行业监管、政府督导协调服务、公众参与的多方共同管理公共基础设施 PPP 项目广义建设监理机制，并运用于秭归长江公路大桥的建设，发挥了良好的质量安全保障的作用。

通过以上学者的研究总结，发现国内现阶段对 PPP 融资模式研究主要还停留在理论、政策导向、风险分析阶段，虽然对城市发达地区的项目(如城市轨道交通)运用 PPP 融资模式研究较为成熟，但对于县域经济下大型基础设施项目 PPP 融资模式研究还十分稀少。本书主要通过对传统 PPP 模式的创新研究并采用具体案例分析，讨论县域经济下 PPP 融资模式在公路桥梁工程中的应用。

1.3 交通运输业 PPP 项目发展现状

1.3.1 交通运输业 PPP 项目发展现状

截至 2018 年，从全国范围来看，财政部 PPP 项目管理库中共有交通运输业 PPP 项目 1195 个，总金额 34 893 亿元，其中已落地项目 564

个,项目落地率为47.2%,落地金额为15 751亿元。无论是入库项目总个数、总金额,还是已落地项目个数、金额,在全国所有行业中均处于前列(根据财政部PPP项目管理库数据整理,如图1-1、图1-2所示,下同)。现阶段,交通运输行业PPP项目多集中在公路(包括但不限于高速公路、一级公路、二级公路、农村道路建设、旅游公路等)、客运交通枢纽、港口码头、仓储物流、桥梁、机场等领域。

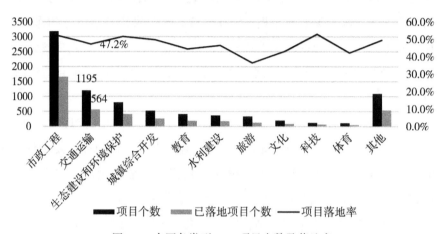

图1-1 全国各类型PPP项目个数及落地率

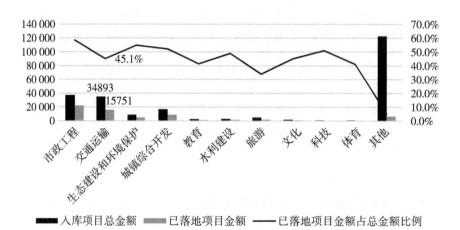

图1-2 全国各类型PPP项目投资金额(亿元)

1.3 交通运输业PPP项目发展现状

1.3.2 湖北省交通运输业PPP项目发展现状

从湖北省范围来看，在财政部PPP项目管理库中，属于交通运输行业的PPP项目共39个，总金额447.54亿元。其中，已落地项目17个，总金额236.04亿元，项目落地率为43.6%（图1-3）。

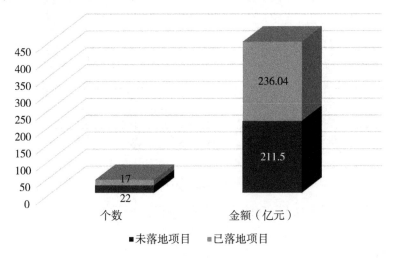

图1-3 湖北省交通运输业PPP项目情况

从湖北省投资的交通运输业的项目类型来看，一级公路类入库项目最多，达到19个，其次是二级公路与桥梁类项目，分别达到7个和5个。高速公路类项目单个投资金额最多，达到38.16亿元。仓储物流、港口码头、航道航运、交通枢纽等类型的项目也有所涉及（图1-4）。从回报方式上看，湖北省交通运输PPP项目以政府付费为主（图1-5）。从运作模式上看，湖北省交通运输PPP项目以BOT为主，也有部分存量项目采用ROT或BOT+TOT模式运作（图1-6）。

湖北省交通运输行业PPP项目个数和投资金额较少，项目落地率较高，涉及的领域多样。交通运输基础设施形态一般表现为3种形式：一是新建交通基础设施；二是需要改造和扩建的交通基础设施；三是需要运营的已经建成的交通基础设施。交通运输行业PPP项目得到了部

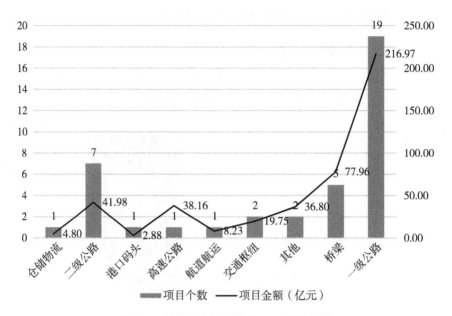

图 1-4 湖北省交通运输业 PPP 项目分类

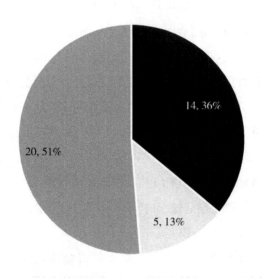

图 1-5 湖北省交通运输类 PPP 项目回报方式

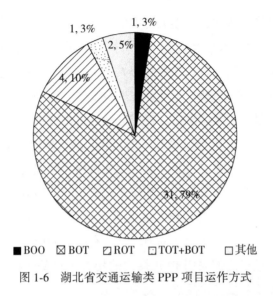

图 1-6 湖北省交通运输类 PPP 项目运作方式

分地方政府的大力支持，具有广阔的发展空间，但也缺乏有效的造价监督机制和标准的运营维护考核模式，给政府和社会投资人带来了一定的矛盾，也造成了一定的资源浪费。

1.4 研究的目的、意义与必要性

1.4.1 研究的目的

公路工程是促进县域经济发展和提高人民生活水平的重要物质基础，加强公路工程建设是响应国家政策、建设社会主义新农村、构建社会主义和谐社会、实现中华民族伟大复兴的重要条件。

秭归长江公路大桥的建设促进了秭归县区域经济的发展，是全面建设小康社会的需要；完善了区域路网规划，提高了公路网服务水平，方便了区域内外交通；加快了鄂西生态文化旅游圈的建设，是打造宜昌国际一流度假目的地的重要交通需求；是统筹城乡区域发展、促进宜昌西部资源开发利用的需要。秭归长江公路大桥的建设对秭归县经济的腾飞乃至宜昌市经济的发展，有很大的现实意义和历史意义。

研究基于县域经济 PPP 模式下的长江大桥特大项目建设管理，探索出一条有利于融资投资和建设管理人才引进与培养的创新模式，有利于实现建设一座长江大桥、带动一方经济发展、引进一批专业人才、培养一支本地建设管理专班队伍、促成县域经济可持续发展的战略目标。

研究基于县域经济 PPP 模式下的长江公路大桥建设管理创新体系，是县域经济发展的需要，也是县域特大项目建设管理的需要，更是实现项目建设投资控制、质量控制和加快建设步伐的迫切需要。

县域经济要发展，首先要开展关乎国计民生的基础设施建设。然而，县域经济条件下，人力、物力、财力有限，如何加快发展与建设的步伐，研究县域经济下采用 PPP 模式的特大项目基础设施建设管理创新体系，是加快县域经济发展的关键所在。

通过研究县域经济下采用 PPP 模式的特大型项目的招投标采购条件，研究 PPP 采购模式对县域经济的贡献以及县域经济对 PPP 模式的影响分析，有利于建立县域经济下 PPP 模式的招投标范本文件的地方标准。通过秭归县采用 PPP 模式的长江大桥的招标采购实践，实现了秭归县在县域经济模式下建设长江大桥的愿望，也为投资方带来了发展契机。

将 PPP 模式引入县域经济下大型公路工程项目建设中，鼓励社会资本方积极参与公路项目的投资、建设、运营和维护，不仅能够减轻县级政府的财政压力，转变政府职能，而且可以借鉴和学习社会资本方先进的管理方式和施工技术，培养本地专业化人才，促进县域经济可持续发展。

1.4.2 研究意义

1. PPP 模式运用到交通运输业中的重要意义

（1）PPP 模式具有政府和社会资本共同参与项目全寿命周期经营管理的特点，使政府和社会资本可以更好地利用自身的优势，取长补短，规避一定的风险进行合作，从而提高服务效率和质量，以加快交通运输行业的发展。

(2)随着《关于进一步规范地方政府举债融资行为的通知》(财预〔2017〕50号)等控制地方政府债务政策文件的出台,地方政府在融资方面受到了一定的限制。PPP模式作为一种有效的融资方式,可以吸引更多的投资人参与项目的建设,对于减轻政府债务压力具有重要意义。

(3)交通运输业项目投资规模较大,同时具有重要的社会效益和经济效益。采取PPP模式,对协调各方不同的利益分歧起关键作用,同时有利于加快转变政府职能,充分发挥市场机制的作用,打破行业准入限制,使投资主体多元化,进一步激发经济活力和创造力。

2. 秭归长江公路大桥PPP模式研究意义

秭归县为发展地方经济,建设秭归长江公路大桥,研究了县域经济+PPP模式的特大项目招投标创新采购模式和创新建设管理模式,成功地实现了引资建桥,为秭归县县域经济发展和投资方武汉市政集团的发展壮大,带来了双赢契机。进一步研究县域经济下PPP模式的长江大桥特大项目的建设管理创新理论,完善这一模式下的长江大桥特大项目建设管理的创新办法、制度和管理规范与标准,指导长江大桥建设。

一是对秭归长江公路大桥的建设提供指导作用。通过研究秭归长江公路大桥PPP模式的运用,并对其出现的问题提供合理化建议,有助于丰富县域经济下的融资模式,为政府融资提供决策参考。同时,长江大桥的建成可以方便人民的出行,提高城乡产品交换效率,吸引外来资金,促进当地旅游资源的开发和秭归县经济的可持续发展。

二是为县域经济下PPP融资模式在其他基础设施建设中的运用提供参考作用。由于我国城乡经济发展不平衡,大型基础设施的建设对于许多贫困县来说还是遥不可及的梦想。PPP融资模式在秭归长江公路大桥的运用对其他大型基础设施的建设具有一定的参考价值。

1.4.3 研究的必要性

研究基于县域经济的PPP模式下的长江公路大桥建设管理创新体系,是县域经济发展的需要,也是县域特大项目建设管理的需要,是实现项目建设投资控制、质量控制和加快建设步伐的迫切需要。

一方面，县域经济要发展，首先要发展关乎国计民生的基础设施建设。然而，县域经济下，人力、物力、财力有限，如何加快发展与建设步伐，研究县域经济下的PPP模式的国计民生的特大项目基础设施建设管理创新体系，是加快县域经济发展的关键之所在。

通过研究县域经济下PPP模式的特大型项目的招投标采购条件，研究PPP采购模式对县域经济的贡献，以及县域经济对PPP模式的影响分析。建立县域经济下PPP模式的招投标范本文件的地方标准。并通过秭归县采用PPP模式的长江大桥招标采购实践，实现了秭归县在县域经济模式下建设长江大桥的规划，也为投资方带来了发展契机。

另一方面，通过研究县域经济下PPP模式的长江大桥特大项目的建设管理模式，探索出一种有利于融资投资和建设管理人才引进与培养的创新模式，实现通过建设一座长江大桥，带动一方经济发展，引进一批专业人才，培养一支本地的建设管理的专班队伍，实现县域经济可持续发展的战略目标。通过研究县域经济下PPP模式的长江大桥特大项目的建设管理创新理论，完善这一模式下的长江大桥特大项目建设管理的创新办法、制度和管理规范与标准，指导长江大桥建设，同时带来了显著的全寿命周期成本-效益。

1.4.4 投资管理在交通运输业PPP模式中的运用

1. 投资管理的定义

投资管理即利用科学的方法和技术对项目在建设期产生的全部费用进行管理，以确保项目的经济效益，保障项目各参与方的基本权利。

交通运输类PPP模式中的造价管理覆盖了包括从项目的初始决策到项目的竣工验收等各个环节。同时，在项目运营阶段，项目公司(社会资本)也应做好运营成本控制，以保障社会资本应有收益的实现及公众权利的获得。投资管理不仅需要考虑工程本身的建造成本，还应同时考虑工期、质量、安全、环境等因素。此外，还需要政府、社会资本及第三方咨询机构等主体的共同参与。因此，PPP项目投资管理应是项目全合作期内的造价管理、全要素管理及全方位投资管理。

2. 投资管理在交通运输类PPP模式中运用的必要性

(1)PPP项目的投资不仅会影响财政承受能力、物有所值评价、财务分析、经济评价，而且还会影响项目的总投资和最终收益水平。投资管理对于控制造价、实现交通运输项目最初的预期目标具有重要意义。

(2)交通运输类PPP项目属于基础设施领域，投资人很难通过市场化运作收回投资成本，因此多采用可行性缺口补助或者政府付费的回报机制。PPP项目的成本支出影响到政府的财政补贴数额和公众的支出数额，一定程度上会影响到人们的生活和社会的稳定。投资管理对交通运输类PPP项目建设期及运营期成本支出的有效控制，有利于减少政府支出，利于公共服务的实现。

(3)投资管理在交通运输类PPP模式中处于核心地位，每一阶段的投资管理都是决定项目能否顺利实施的关键所在。有效的投资管理可以将项目的每一阶段很好地联系起来，利于项目的顺利实施。

3. 投资管理在交通运输类PPP模式中运用存在的问题

(1)全过程投资管理意识淡薄。交通运输类PPP项目涉及的程序复杂，合作期长，每一阶段的投资管理都有不同的特点。然而，现今每一阶段的投资管理都是割裂开的，实施投资管理的机构也不相同，许多数据和管理方式无法形成一个有机的总体，给投资管理带来了一定的困难。

(2)工程投资管理计价模式仍然采用定额计价。我国一直以来使用的是定额计价方式，对于交通运输类PPP项目来说也不例外。但由于定额的计价尺度和市场调查工作占用了大量时间，造成定额标准相对落后，使定额标准与市场价格无法形成有机的统一。

(3)PPP投资管理人才缺乏。交通运输类PPP项目因为其自身的特点，需要相关人员具备工程、法律、财务等方面的知识。现阶段，因为具有专业的综合性素质的人才匮乏，投资管理还很难兼顾到方方面面。

(4)市场体制不健全，缺乏相应的法律法规约束。尽管有关部门连续发文规范了PPP市场的发展，但是依然存在低价中标、拖欠工程款等现象，在工程的运营和养护中甚至没有形成统一的投资管理体制，导致工程质量低下、工期延长，并对投资管理产生不良影响。

1.5　秭归长江公路大桥PPP项目概况

秭归长江公路大桥工程是拟建的湖北省骨架公路网中第六纵的第二条支线跨越长江的节点工程。本项目起点为秭归县郭家坝镇（位于米仓口隧道出口约290m处），与宜巴公路（S334）平交，路线在兵书宝剑峡峡口向北跨越长江，沿香溪河东岸上行2km在刘家坝村向西跨越香溪河，终点为归州镇香溪河西岸的向家店，与峡堡公路（S255）相接，路线全长5.419km，施工内容包括全线的路基工程、桥梁工程、隧道工程、涵洞工程、路面工程等（图1-7）。

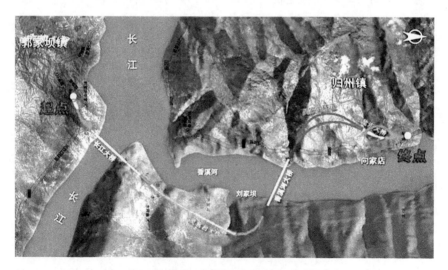

图1-7　秭归长江公路大桥总体平面图

1.5 秭归长江公路大桥 PPP 项目概况

其中，跨长江大桥采用主跨为 531.2m 的中承式钢箱桁架拱桥方案，桥跨布置为(2×35+531.2+3×30+3×30+3×30)m，全长 883.2m；跨香溪河大桥采用主跨 470m 双塔双索面组合混合梁斜拉桥，桥跨布置为(20+48+48+78+470+78+48+48+3×35+3×30+3×30)m，桥长 1079.6m；灵观台大桥桥跨布置为(3×30+3×30+3×30+4×30+3×30+4×30+4×30+4×30+4×30+4×30+3×30+5×30)m，桥梁全长 1325.5m；三岔沟大桥桥跨布置为(3×20+3×20+2×32+20)m，桥梁全长 216.1m；AK0+180 大桥桥跨布置为(4×20+3×20)m，桥梁全长 160.1m；吴家沟隧道左右洞长分别为 960m、865m，路基全长 1797.5m，包括路堤、路堑、特殊路基处理、路基支挡加固及防护工程等；路面工程包括级配碎石底基层、水泥稳定碎石基层、沥青混凝土面层施工等；涵洞为圆管涵，共 1 座，合计 64.6m；另外，还包括安全设施、绿化及环境保护工程等。

秭归长江公路大桥 PPP 项目技术标准见表 1-1 所示。

表 1-1　　　　　　　　技术标准表

设计基准期	100 年
道路等级	双向四车道一级公路
设计速度	60km/h
设计洪水频率	主桥 1/300、引桥 1/100
设计安全等级	I 级
设计汽车荷载	公路—I 级
耐久性设计环境类别	I 类，环境作用等级 I-B
通航净空	跨长江大桥为 370m×18m、跨香溪河大桥为 240m×18m

秭归长江公路大桥 PPP 项目建设总投资 21 亿元，其中政府出资 9 亿元，引进社会资金 12 亿元。

项目计划于 2015 年底开工，2019 年底竣工，建设期为 4 年。

第 2 章　现行公路工程 PPP 项目前期工作管理

2.1　现行公路工程项目前期工作管理

2.1.1　现行公路工程项目基本建设程序

如图 2-1 所示，我国现阶段公路工程基本建设程序仍旧是计划经济模式，从规划开始，前期工作一般可以分为：规划→五年计划→预可行性研究(项目建议书)→项目立项→工程可行性研究(设计任务书)→投资建设→初步方案设计→技术方案设计→施工图设计→施工阶段→竣工验收→运营阶段。

2.1.2　现行公路工程项目前期工作管理分析

现阶段公路工程建设规划主要有发展战略规划、中长期发展规划、近期规划和五年计划。发展战略研究在我国的公路工程建设项目中做得相对较少，中长期发展规划一般也只在国家和省级层面上组织制定，近期发展规划基本普及到地市州县层面，大多数情况下还是直接编制五年发展计划。我国的五年发展计划主要由从下至上的层层上报汇总而成。

2.1 现行公路工程项目前期工作管理

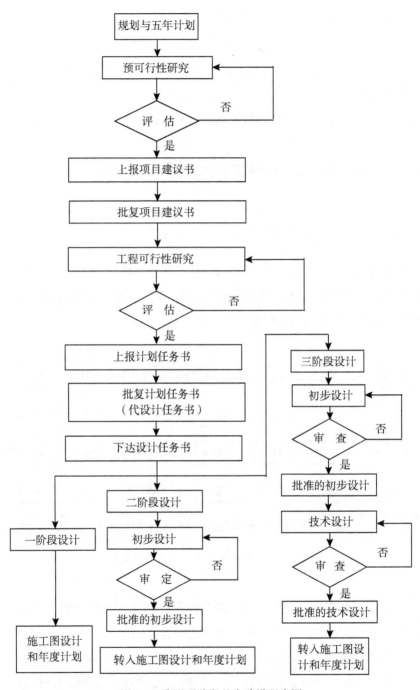

图 2-1 我国现阶段基本建设程序图

通过对秭归长江公路大桥 PPP 项目投资建设的研究，我们认为 PPP 项目的识别应该从项目的规划阶段开始，对公路工程 PPP 项目应该实行全寿命周期投资建设和运营养护的全过程、全方位的管理，应该增加机会可行性研究及其投资估算，以作为规划其进入五年计划的审批依据，作为公路工程 PPP 项目规划识别的依据。

2.2 现行公路工程 PPP 项目前期工作管理

2.2.1 现行公路工程 PPP 项目基本建设程序

我国现阶段公路工程 PPP 项目，除了其基本建设程序应满足图 2-1 所示的传统模式下的基本建设程序要求外，其全过程项目管理程序还必须满足如图 2-2 所示的流程要求。

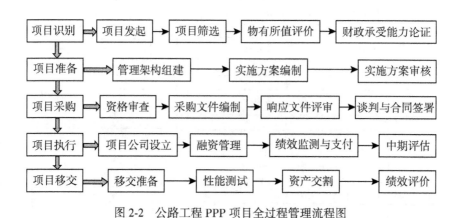

图 2-2　公路工程 PPP 项目全过程管理流程图

现行的公路工程 PPP 项目识别阶段是实施全过程项目管理的起始阶段，这个阶段主要是判断一个项目是否适合采用 PPP 模式。项目识别阶段流程如图 2-3 所示。PPP 模式作为传统供给模式的一种补充，仅在能够更好地实现物有所值的情况下才采用。因而，PPP 项目可以实

2.2 现行公路工程PPP项目前期工作管理

现全寿命周期成本效益最大化。

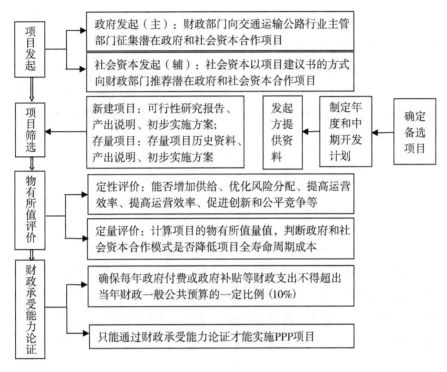

图 2-3 公路工程PPP项目识别阶段流程图

2.2.2 公路工程PPP项目发起

公路工程PPP项目由政府或社会资本发起，以政府发起为主。财政部门向交通公路行业部门征集潜在的政府和社会资本合作项目。行业主管部门从国民经济和社会发展规划及行业专项规划中的新建、改建项目或存量公共资产中选择潜在的PPP项目。社会资本也可发起PPP项目，主动以项目建议书的方式向财政部门推荐潜在的PPP项目。PPP模式能够把政府和社会资本的需求较好地结合起来，理解政府和社会资本的参与目的显得非常重要。

政府发起和实施PPP项目的目的：一是融资需求，解决项目建设资金缺口，化解地方政府债务风险；二是向社会提供优质公共服务和公共产品(新建项目)，进一步提高公共服务和公共产品的质量；三是转变政府职能，提高政府行政能力。原来由政府自己花钱做的事情，改由社会资本实施，放手把投资权和运营权都交给社会资本，政府作为监督机构。

社会资本发起和参与PPP项目的目的：一是利用资金、技术、人才、运营等优势，获得项目合同，包括施工合同、设备销售合同、运营维护合同等，获得合理投资回报；二是在一定年限内获得由项目特许经营所带来的垄断利益；三是占领行业市场份额，提高企业行业影响力。

2.2.3 公路工程PPP项目筛选

1. 公路工程PPP项目初步分析

公路工程PPP项目要适合本地区经济和社会发展的实际需要，不能借响应国家号召的名义一哄而上。具体到某个地方政府，哪些项目采用PPP模式，要先进行调研和论证，分析项目的实际需求，确保项目的必要性、技术可行性、实施的可操作性以及项目财务的可持续性。

2. 公路工程PPP项目资料准备

对已列入年度开发计划的PPP项目，项目发起方应按财政部门(PPP中心)的要求提交相关资料。新建、改建项目应提交可行性研究报告、项目产出说明和初步实施方案；存量项目应提交存量公共资产的历史资料、项目产出说明和初步实施方案。

项目筛选是对PPP项目进行判断和选择，将明显不适合采用PPP模式的项目排除。从PPP项目的特点考虑，适宜采用PPP模式的项目一般具有投资规模相对较大、价格调整机制相对灵活、市场化程度相对较高、需求长期稳定等特点。

地方政府需要按规定进行PPP项目识别，从地方交通主管部门汇总公路、水运、铁路、航空、管道、邮政等编制的地方交通五年发展计划中，筛选符合程序的 PPP 项目，制订 PPP 项目年度和中长期开发计划。对已经列入年度开发计划的项目，项目发起方应按照财政部门的要求提供可行性研究报告、社会影响评价、环境影响评价和经济影响评价等报告。

2.2.4 公路工程 PPP 项目识别论证

1. 物有所值评价

物有所值是指一个组织运用其可利用的资源，所能获得的长期最大利益。财政部门(PPP 中心)会同行业主管部门，从定性和定量两方面开展物有所值评价工作。定性评价重点关注项目采用 PPP 模式与采用政府传统采购模式相比，能否增加供给、优化风险分配、提高运营效率、促进创新和公平竞争等。定量评价工作由各地根据实际情况开展，主要通过对公路工程 PPP 项目全寿命周期内政府的支出成本现值与公共部门比较值进行比较，计算项目的物有所值量值，以此判断采用 PPP 模式是否降低了项目全寿命周期成本。通过物有所值评价将 PPP 模式与传统采购模式相比，判断能否增加供给、优化风险、提高效率等，同时要将项目整个周期内的政府支出成本和公共部门的比较值进行比较，只有高过了公共部门比较值才是"物有所值"。

2. 财政承受能力论证

财政承受能力论证是指识别、测算政府和社会资本合作项目的各项财政支出责任，科学评估项目实施对当前及今后年度财政支出的影响，为 PPP 项目财政管理提供依据。财政承受能力的支出责任主要包括股权投资、运营补贴、风险承担、配套投入等内容，论证程序主要包括责任识别、支出测算、能力评估、信息披露四个步骤，论证的重点和难点是支出责任的识别与测算。

为确保地方财政的中长期可持续性，财政部门根据项目全寿命周期内的财政支出、政府债务等因素，对部分政府付费或政府补贴的项目，开展财政承受能力论证，每年政府付费或政府补贴等财政支出不得超出当年财政收入的一定比例。通过物有所值评价和财政承受能力论证的项目，可进行项目准备。

2.2.5 公路工程 PPP 项目识别结果处理

财政部门对项目实施方案进行物有所值评价和财政承受能力论证，通过论证的，由项目实施机构报政府审核。通过物有所值评价和财政承受能力论证的项目，可进行项目准备。同时政府对通过论证的项目，应切实承担起公共财政的支付责任，包括股权投资、运营补贴、风险承担、配套投入等。对于未通过验证的项目，可在实施方案调整后重新论证，仍不能通过的，不再采用 PPP 模式。当然，项目仍可采用非 PPP 模式实施。这也是政府对社会资本或者说是对投资者和经营者认真负责的表现。PPP 项目的一个重要特点，就是经营的长期性和稳定性，如果项目运营得不到政府的支持，经营势必出现问题，受损的一定是投资者和经营者。未通过论证的项目，被提前否决，实际上是为了避免投资者或经营者遭受潜在的巨大损失。

项目识别是政府和社会资本合作的起点，而项目是否适合采用 PPP 模式对项目运作成败的意义重大。在项目识别时，应综合项目建设的必要性及合规性、PPP 模式的合适性、财政承受能力等因素，确保 PPP 项目物有所值。PPP 模式适用性主要体现为明确经济技术指标、经营服务标准、投资概算构成、投资回报方式、价格确定及调价方式、财政补贴及财政承诺等核心事项。

从选择 PPP 模式不同类型项目的特殊性来看，准经营性项目要求各方能够对项目的盈利和补偿机制达成共识；经营性项目的基础资产应具有明确的收费机制，与传统投融资市场相比，有更加长期稳定的投资回报；公益性项目的参与方，要准确评估当期并预测未来政府的财政实力，避免因政府财政实力较弱引发拖欠款项的问题。

第3章 秭归长江公路大桥 PPP项目规划识别

3.1 完善的公路工程PPP项目前期工作管理

3.1.1 完善的公路工程PPP项目基本建设程序

完善的公路工程PPP项目基本建设程序如图3-1所示。

公路工程PPP项目识别的前期工作是指公路工程PPP项目实施前的一系列规划与决策工作。它包括两个部分：一是有关宏观决策方面的全行业发展战略、总体布局规划、中长期建设规划、近期规划和五年计划；二是有关具体PPP项目规划与决策方面的以可行性研究为中心的项目建议书、设计任务书和初步设计。公路工程PPP项目建设前期工作是公路工程PPP项目建设科学管理的重要组成部分，是为实现长远发展战略目标服务的，是PPP建设项目规划立项和投资决策的基础和依据。完善的建设前期工作对公路交通事业的发展，对提高投资效益、社会经济效益和保护环境等都具有重要作用。只有把工程建设项目前期工作做扎实，才能把公路工程项目建设搞得更稳一些，更好一些，更快一些。

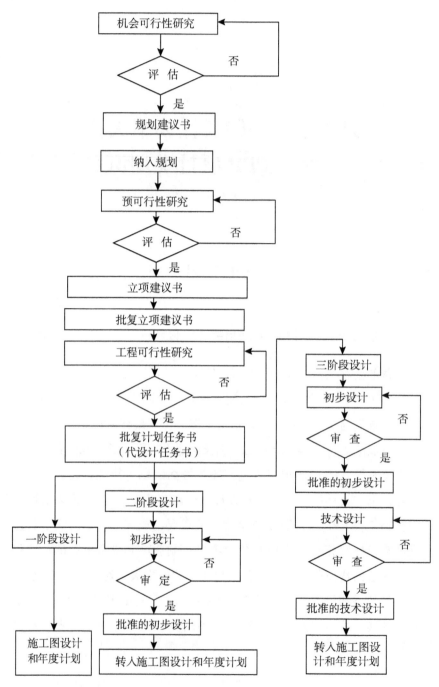

图 3-1 公路建设项目前期工作程序图

3.1.2 项目规划建议书

有关部门根据国家国民经济和社会发展的战略目标和长远规划及行业发展战略和规划、地区发展战略和规划的要求，结合当时、当地的各项自然资源、产业发展战略、生产力布局、社会文化交流、观光旅游等需求，进行公路工程项目机会可行性研究，分析公路工程项目建设的必要性和可行性条件，提出项目规划建议书。项目规划建议书是国家选择建设项目，编制公路工程发展规划和五年计划的依据，是进行公路工程项目初步可行性研究和工程可行性研究的依据。

3.1.3 项目立项建议书

机会可行性研究论证决定了公路工程项目是否可以纳入国家和地方发展建设规划，只有机会可行性研究论证结论可行，公路工程项目才有可能纳入国家和地方发展建设规划，编入国家和地方五年发展计划。按照国家和地方的公路工程发展建设规划和五年计划，进行公路工程项目初步可行性研究，论证项目在国家和地方层面上的社会经济的可行性，只有在社会经济上可行的公路工程项目，经国家和地方的发展和改革委员会批准，才可以立项建设，并根据初步可行性研究报告，编制公路工程项目立项任务书，组建项目建设班子，筹措建设资金，筹备项目建设。

项目建议书主要是从宏观上考察项目的必要性和其主要建设条件是否具备，确定是否推荐此项目。

一个公路工程 PPP 建设项目，建设周期长，资金投入多，投产后又长期使用，在建成和投入营运后牵涉面广、情况复杂，只有在立项之前搞清楚是否可行，才能掌握项目建设的主动权，否则仓促启动工程，盲目动工兴建，将会使工作陷于被动局面，造成不必要的损失。

3.1.4 可行性研究报告

可行性研究报告，一般指工程可行性研究报告。经国家和地方的发展和改革委员会批准立项建设的公路工程项目方能进行工程可行性研究。工程可行性研究主要从技术及经济上论证项目建设是否可行,项目建设是否必要与可能,对建设规模、标准及重大技术方案进行比较,推荐最佳方案,估算所需投资并进行社会经济评价,拟定建设工期,为下一步编制设计任务书和项目决策提供依据。

3.1.5 设计任务书

设计任务书是在工程可行性研究报告的基础上,经过专家评审,对项目的损益作进一步分析,对工程可行性研究报告中所提出的建设理由、规模、等级标准、主要技术方案及经济、财务评价作进一步的审核,从经济发展和公路建设项目技术的可行性角度考查建设方案和工期,编制而成。它为项目的最终决策和初步设计提供依据。

3.1.6 工程设计

工程设计是根据已获批准的工程可行性研究报告,准备设计基础资料,对设计对象进行通盘研究,阐明在指定的地点、时间和投资控制额度内,拟建工程在技术上的可能性和经济上的合理性。并通过对设计对象作出基本技术规定,编制项目的总概算。根据国家文件规定,如果初步设计提出的总概算超过可行性研究报告确定的总投资估算的10%以上或其他主要指标需要变更时,要重新报批工程可行性研究报告。初步设计由主要投资者组织审批。初步设计文件获批准后,拟建工程主要布局、工程量、结构、质量要求、总概算不得随意修改、变更。

公路工程PPP项目识别前期工作的内容除上述程序中的各项工作外,还包括勘测、科研和试验。本研究提出的公路工程建设项目前期工作程序如图3-1所示。

3.2 公路工程 PPP 项目规划识别

3.2.1 公路工程规划工作与 PPP 项目识别之间的关系

1. 公路工程规划是 PPP 项目决策的基础

公路工程 PPP 项目规划工作质量的好坏,决定了投资者能否对项目建设作出科学的投资决断,能否优选出最佳的投资方案。任何一项决策的失误都会造成投资方案的失败,会带来不必要的资金投入以及人力、物力和财力的浪费,甚至造成不可弥补的损失。PPP 项目规划阶段的工作质量对总投资的影响高达 70% 左右,对投资效益的影响高达 80% 左右,相比之下,该阶段的费用较少,一般只占总投资的百分之几或千分之几。所以,要控制工程建设成本,提高投资效益,必须在识别、规划、决策阶段实事求是地进行市场分析;加强工程地质、水文地质以及征地、水源、供电、运输、环保等工程项目外部条件的工作力度;对各项贷款的条件应认真细致地分析比较,才能保证 PPP 项目识别、规划与决策的工作质量。

2. 公路工程规划内容决定 PPP 项目成本与效益

公路工程 PPP 项目识别、规划、决策阶段的各项经济技术指标的规划与决策,对该项目的工程造价和后期效益有着重大的影响。如建设标准水平的确定,是采用高标准,还是采用中等适用的标准;建设的原则是应采用适用、经济、安全、朴实的原则,还是靓丽而豪华的原则;建设地点的选择,是选择靠近原料、燃料提供地,还是选择靠近产品消费地的原则,不同的选择会产生不同的收益。工业项目与交通项目还需要考虑是否适当聚集的原则,考虑尽量降低长途运输费用,缩短流动资金周转时间;生产工艺方案的确定,应采用先进适用、经济合理的标准；设备的选用，应尽量选用国产设备。投资方案的选择，在技术性能保证的前提下，选择方案是采用经济费用最小法，还是效益最大法，或是全寿命周期成本-效益最大法原则，以上决策内容都直接关系到工程建设成本的高低和未来运营效益的大小。所以，公路工程PPP项目识别、规划与决策阶段的工作内容是决定工程建设的基础。它直接影响着决策阶段以后的各个建设阶段工程投资的控制和运营是否科学、合理。

3. 公路工程规划的深度影响PPP项目投资估算的精确度

公路工程PPP项目识别、规划与决策阶段主要经过投资机会可行性研究(项目规划建议书)、项目初步(预)可行性研究(项目立项建议书)、项目工程可行性研究(项目设计任务书)阶段，各阶段的投资估算的精确度不同。投资机会可行性研究(项目规划建议书)阶段的投资估算误差率大致在±30%，初步可行性研究阶段的投资误差率大致在±20%，详细工程可行性研究阶段的投资估算误差率大致在±10%。另外，公路工程PPP项目全寿命周期各阶段包括项目规划、可行性研究、初步设计、施工图设计、建设准备、建设实施、竣工验收和后期运营，相应的建设成本表现为投资估算、总概算、施工图预算、承包合同价、工程结算、竣工结算、竣工决算，前者造价控制后者造价，也就是建设项目以投资估算额作为工程造价控制的目标值。所以，只有采用科学的估算方法和可靠的数据资料，充分考虑建设过程中的风险因素，合理地计算投资额，才能保证将公路工程PPP项目建设期各阶段的造价控制在合理的范围内，保证项目全寿命周期成本-效益总目标的实现。

3.2.2 公路工程PPP项目总体规划

PPP项目规划是预测未来，确定要达到的目标，估计会碰到的问题，并提出实现目标、解决问题的有效方案、方针、措施和手段的过程。公路工程PPP项目规划是以公路建设运营效益最大化为目的，在前期阶段对公路建设实施的可能性,建成过程中资源能否有效供应,建成后是否有经济价值,建造的过程中和完工之后是否对环境有什么影响,以及建成后是否能够产生极核经济效应带动周边经济的发展进行论证。随着社会经济技术的发展,传统的只满足基本使用功能的工程已不合时宜。地方政府应该综合多方面的因素,在考虑环境、生态、人文等因素的条件下,对建设项目进行长远的规划,以达到项目建成后经济效益目标最大化的目的。

公路工程PPP项目规划按属性主要分为项目总体规划和专业项目规划。

1. 公路工程PPP项目总体规划的编制

1) PPP项目总体分析

PPP项目总体分析主要是从项目的基本情况、工程概况出发,分析工程实施的难易程度,对PPP项目建成后的经营情况进行长远预测,从而正确分析PPP项目的优势、劣势以及所面临的机遇与风险,大体上判断PPP项目实施的可能性。通过对PPP项目总体分析,先对PPP项目有一个较为合适的定位,然后确定项目的总体思路和方针。

2) 公路工程PPP项目经济性分析

公路工程PPP项目的经济评价是公路建设项目机会可行性研究报告的有机组成部分和重要内容。其目的是根据国民经济与社会发展战略和交通行业、地区发展规划的要求,结合交通量预测和工程技术研究情况,计算项目的费用和效益,通过多方案论证,对拟建PPP项目的经济合理性作出评价,为PPP项目建设方案的比选、投资决策提供科学依据。经济评价包括财务评价和国民经济评价。

公路工程PPP建设项目要以国民经济评价和财务评价为主要内容。在国民经济评价中采用影子价格、影子汇率等指标对项目整体进行经济分析。国民经济评价是站在政府和公众的立场上,从国家整体角度分析,计算项目对国民经济净贡献,以判断项目的经济合理性,通过比较所支出的费用与社会使用公路者获得的效益两个要素来衡量。国民经济评价通过计算项目的直接效益和直接费用，同时对项目的外部效果进行定性分析和描述。对于 PPP 项目的投资决策还需进行财务评价。财务评价是在国家现行财税制度和价格体系下，站在 PPP 项目参与者和政府合作伙伴的立场上，从 PPP 项目的财务角度分析，分析测算项目的财务盈利能力和清偿能力。其目的是研究收费标准、测算过路费收入、动态计算贷款偿还年限等指标，分析运营效益，评价 PPP 项目的财务可行性。

然而由于通货膨胀、社会折现率等因素的影响，可能导致财务评价不能真正反映社会平均水平。我们要以国民经济评价为主，采用影子价格、影子费率计算费用，以财务评价为辅，进行财务可能性的分析，从而实现企业或 PPP 项目经济效益的最大化。

经济评价贯穿于 PPP 项目自投资决策前至投入生产运营一段时间之后的整个过程。因此，经济评价无论从 PPP 项目企业的微观角度，还是从国家政府和社会公众的宏观角度来看，都具有重要的意义。

3) 公路工程 PPP 项目生态环境影响评价分析

随着社会的进步，良好的生态环境越来越成为人和社会可持续发展的根本基础。经济可持续发展离不开环境的保护，社会文明的提高离不开环境的保护，PPP 项目的建设也必须把环境保护作为重要一部分。公路建设项目与周边环境属于一个相对完整的系统，它涉及公路周边的城市风貌、历史遗迹、噪声、废气污染等众多指标。因此，在构建环境评价指标体系时，既要真实反映公路建设项目所在的项目系统对环境这个大的系统产生的影响，也要把这些影响因素的内部系统之间的相互作用和影响表现出来。社会环境影响评价，说到底是用来评价人类活动对社会环境有多大的影响。公众的参与可以使根据环境影响评价制定出的环保措施更具合理性、实用性和可操作性，积极听取公众意见，掌握公众利益诉求有利于及时发现潜在环境问题，有利于提升环境评价的科学性。

4) 公路工程 PPP 项目人文影响评价分析

公路工程的快速发展大大方便了人们的生活，人们在关注公路工程带来经济效益的同时，也开始注重其对人文影响的程度。过去的建设一味追求经济效益，一心想着如何快速取得投资回报，不惜破坏一些人类文明。例如，公路的选址迫使大面积范围的居民改变原有的生活住址，不得不放弃原有的生活习惯；公路建设的时候大肆破坏当地的生态文明，本可以依托公路带来的经济效应(如旅游)毁于建设之中。

人文影响评价要以保护公路沿线人文文化为主，通过公路沿线走访实录以及调查社会关注程度等来确定需要重点保护的人文文化，在保存文化成果的同时再尽可能减少公路的造价，建成人民"幸福指数"比较高的公路项目。

2. 公路工程 PPP 项目专业规划的编制

1) 项目基础设施规划

项目基础设施规划应通过调研，了解公路工程 PPP 项目所在地的工作环境、所必需的材料的供应、机械设施的配备以及大型机械设备的运输问题、当地劳动力的储备问题等。

2) PPP 项目工程施工生产组织规划

PPP 项目工程施工生产组织规划是项目专业规划最重要的一部分。它首先从公路工程路线的比选、施工现场勘测、大概施工方案的选择进行分析，再着重对施工生产计划以及主要工程施工方案(如桥梁工程、涵洞工程、路基工程和防护工程等)进行规划分析，从而找到较为合理的施工选址。

3.2.3 公路工程 PPP 项目阶段规划

公路工程 PPP 项目规划按规划期限主要分为发展战略规划、中长期发展规划、近期规划和五年计划。

1. 发展战略规划

公路工程PPP项目规划应具备战略眼光，从长远规划入手。公路工程发展战略研究，是指站在一个地区、一个国家甚至全人类的层面上研究道路运输发展趋势，研究社会经济发展对道路运输的需求，研究道路运输对社会经济发展的支撑，研究道路运输在综合交通运输中的比重，研究道路运输的发展政策和策略，研究它的实施方式，等等，从宏观层面制定出道路运输总体发展战略规划，并借此指导中长期发展规划。公路工程发展战略规划期限应大于30年。

交通发展战略是在对一个国家或地区未来交通发展趋势的总体预测和判断的基础上，宏观地把握国家或地区交通发展的方向，关注交通发展的大局。交通发展战略的确定，不仅要以国家和地区社会发展总体战略规划为依据，而且还将涉及经济、政治、文化、教育、气候和环境等方面的内容。它与一个地区所在的区域以及国家乃至国际社会的综合环境都有着密切的联系。制定交通发展战略的目的，在于综合考虑国家和地区发展的社会经济、区域环境、政治环境等诸多因素，根据国家的总体目标确定未来交通发展的重点和方向。

交通作为国民经济和社会发展的基础性产业和服务性行业，要不断适应经济社会发展的更高要求。我国现阶段交通发展战略的目标就是要开拓创新，努力实现新的跨越式发展，为全面建设小康社会提供支撑和保障。

未来交通发展的重点是扩充能力、优化结构、提高质量、改善服务、保障安全、保护环境，任务十分艰巨。科学技术是第一生产力，是交通发展的重要推动力量，对交通发展将产生重大影响。充分依靠科技进步，全面提升交通行业的科技含量，是走新型工业化道路、实现交通更快更好发展的必然选择。

制定交通发展战略是贯彻落实科学发展观的重要举措，是实现交通可持续发展的关键步骤。发展战略旨在围绕交通发展的目标和任务，明确交通发展的指导方针、战略目标和重点领域，提出加强和完善交通可持续创新体系建设的政策措施，对交通可持续发展作出战略性、全局性、前瞻性的部署，推动交通可持续发展战略的全面实施。

制定交通发展战略规划的目的，是为国家和地方交通确定合理的发展方向，确定国家和社会的投资走向，指导近期的交通建设工作。交通发展战略，包括发展态势、发展原则和发展目标三个方面的内容。发展态势的判断，实质上是预测未来若干年内可能出现的几种交通供需状况；发展原则，确定了地区交通在各个时期内的发展重点和基本思路；发展目标，以及未来发展的投资需求，反映了城市交通体系在各个阶段的运行水准和基本特征。

2. 中长期发展规划

公路工程 PPP 项目识别的中长期发展规划期限一般为 15~30 年。公路工程中长期发展规划的编制，是在国家和地方公路工程发展战略规划的指导之下，根据国家和地方的中长期社会发展纲要和公路交通运输量的预测编制。中长期发展规划要充分考虑近期发展规划的可持续性。

交通运输业是国民经济中一个重要的物质生产部门，它把社会生产、分配、交换与消费各个环节有机地联系起来，使经济活动得以正常进行和发展。交通运输中长期发展规划的可持续性体现为以下两点。

（1）一个优良的能充分发挥作用的运输体系，是国民经济和社会发展的重要前提条件。也可以说，只有具备了高效率的运输体系，才能进行地区开发并把国民经济的各个基地联系起来，才能使一个国家的国民经济加入洲际和全球范围的商品交换和信息交流之中。优良的运输条件对充分开发利用国家各种潜在的经济资源，起着重要的甚至是决定性的作用。反之，就会成为经济社会发展的严重障碍。

（2）要想具备社会经济的可持续发展能力，需要有一个交通运输业超前发展时期，当今主要发达国家或地区的发展历程均印证了这一点。交通运输业的超前发展，使其具有了一定的储备能力。这是商品经济高度发展和社会化大生产的客观需要。它是由商品经济的本质特征决定的，是不以人的意志为转移的客观规律。这就是制定中长期发展规划的目的。

交通运输业自身的发展和完善与经济社会发展之间有着密切的关系。所有发达国家综合运输体系内各种运输方式的发展，所形成的带有规律性的发展阶段，都与经济社会发展对运输提出的需求有着密切的关系。例如，继铁路运输高速发展之后，随着机械加工、化工、电子工业等新兴产业的发展，电子、仪表、轻纺、食品等对时效要求高的产品迅速增加，它们对运输业在速度、方便、安全等方面提出了更高的要求；随着经济的发展和生活水平的提高，人们对速度、安全、舒适、方便的客运需求也越来越高。这不仅要求铁路、水运应不断完善装备和提高运输管理水平，也决定了汽车和航空运输必然要迅速发展。从一种运输方式本身来看，每一种新运输方式进入运输体系，都是以其自身的优势，在与其他运输方式竞争中获胜而带来取代效应。近几十年来，世界各国公路和航空运输的发展最快，其根本原因是这些运输方式具有机动、快速等特点，它们比铁路、水运等运输方式更能满足当前和未来的某些运输需要。这就是公路工程中长期发展规划编制的动因和需求。

3. 近期发展规划

公路工程 PPP 项目识别的近期发展规划期限一般为 5~10 年。公路工程近期发展规划的编制，是在国家和地方公路工程中长期发展规划的指导之下，根据国家和地方的近期社会发展纲要和公路交通运输量的预测而编制的。近期发展规划要充分考虑五年计划的延续。

近期发展规划内容应该以当前五年发展计划为主要依据，综合分析地区社会经济发展、工农业生产布局、地方城镇发展总体规划等因素，还要重点考虑交通运输发展自身的需求，由此来编制公路工程近期发展规划。

近期发展规划必须具以下 4 个基本特性。

(1) 五年计划的延续性。逐步地规划，修编规划，实施规划，完善现代化的交通运输体系。

(2) 10年规划的可实施性。为下一个五年计划选好项目。

(3) 对中长期发展规划的可持续性。完善交通网络建设和交通基础设施建设，建设适应交通现代化要求和符合交通运输自身发展规律的安全、舒适、迅达的交通运输体系，形成强大的可持续发展能力。

(4) 对国家和地方发展战略规划的前瞻性。交通运输的格局要有前瞻性。交通运输格局是指在全面掌握了解国家和地方交通现状的基础上，对交通现状进行科学的分析评价，按国土规划的理念叫作"摸清家底"。对交通现状的分析评价包括交通基础设施调查，工农业生产基地调查，产品生产的流量流向调查，居民出行调查；同时，还必须充分调研国内外同类城市交通运输发展之现状。在此基础上，再对国家和地方交通的发展作出准确的预测，提出交通运输发展战略的指导思想，展望其发展趋势，编制发展目标与规模，研究适应交通发展的有关政策和对策措施，评估其预测结果。

4. 五年计划

五年计划是公路工程 PPP 项目识别的执行计划，是交通运输五年发展计划的重要组成部分。地方公路工程 PPP 项目五年计划由地方公路主管部门编制，上报地方交通主管部门，由其汇总公路、水运、铁路、航空、管道、邮政等五年发展计划后，形成地方交通五年发展计划，并由地方政府交通主管部门以交通运输厅、局红头文件形式下发执行。由各级地方公路和交通两条线逐级上报，以供上级公路主管部门和交通主管部门编制所辖地区公路工程项目五年发展计划和五年交通运输计划，最后形成国家公路五年发展计划。

列入五年发展计划的公路工程项目，可作为 PPP 项目识别首选项目，由地方和国家列入项目前期工作计划，开展项目可行性研究。项目可行性研究经审查批复后，列入地方和国家年度资金计划，实施项目建设。五年计划根据执行的具体情况，如有重大变动，在五年计划的后两年可实行计划调整，又称调整计划。调整计划是对于无法完成的五年计划实行调整，也可以用以增补急需建设的公路工程项目。

3.3 公路工程 PPP 项目规划的立项评估

3.3.1 公路工程 PPP 项目的社会评价

公路工程 PPP 项目规划方案的好坏与效益的大小，必须在规划方案立项前得到科学的评价。方案评价是在不同方案的基础上，对规划方案所涉及的项目规模、功能、位置、投资、社会与环境影响等方面进行全方位比选，通过建立单项评价指标和综合性指标，运用定量与定性相结合的方法，方能客观准确地评价，从而为投资决策者提供较好的 PPP 项目规划方案。

公路工程 PPP 项目规划必须是在充分考虑国家和地方国民经济社会发展总体规划，考虑城镇体系规划、区域空间发展和整个交通网规划的基础上，编制而成。分析规划的原则和方法，可以从以下几点进行。

1. 是否与国家和地方社会经济发展相适应

公路工程 PPP 项目规划，必须符合国家和地方社会发展总体规划，符合区域城市总体规划和综合交通运输发展规划；必须是在详细分析国家和地方经济发展和人口分布现状的基础上，结合对近远期发展趋势的展望编制而来。它需要预测经济发展指标及交通发展指标，以适应未来社会经济发展需求，从而为其提供有力的公路运输支撑。公路工程 PPP 项目建设规模的拟定必须体现社会经济发展的要求，并充分考虑 PPP 项目规划在时间、空间上的平衡。

2. 是否与城镇体系发展相适应

公路工程 PPP 项目规划布局方案必须充分体现规划区域的城镇体系规划理念，明确区域城镇发展在未来城市化发展中的地位和其社会经济发展方向，充分考虑城镇的主要功能和交通区位，并将这些因素作为公路工程规划布局的重要约束条件。因而，公路工程 PPP 项目规划布局方案必须能适应未来区域城镇体系的发展要求，对城镇空间成长和我国的城市化起到很好的促进作用。

3. 是否与环境保护相适应

公路工程 PPP 项目规划必须是在既充分利用了现有资源，又考虑了其长期发展的需要的基础上所制定的规划布局方案。可以按照"一次规划、分期实施"的规划原则，将发展战略规划、中长期发展规划、近期发展规划和五年计划有机衔接。预测要远，方案要细，既充分考虑远景发展，又能使原有资源得到充分利用，节省建设投资和土地资源，实现国家和地方的可持续发展。在此基础上，合理计算规划中近期和中远期的交通运输量和建设规模，从而为公路工程 PPP 项目规划建设提供坚实的理论依据，使 PPP 项目规划能够适应可持续发展要求，且能够为国家和地方社会经济发展提供更为优质的运输服务。

3.3.2 公路工程 PPP 项目的环境评价

公路工程 PPP 项目规划是地方道路网系统的一个重要组成部分，道路网系统处在整个社会经济系统和综合交通系统之中，公路工程 PPP 项目规划环境评价就是分析路网方案对规划区域环境的作用和影响，通过对经济环境、政策环境、文化环境等影响因素指标进行分析，而得以对道路网规划方案进行比较并评出优劣。环境评价指标如表 3-1 所示。

表 3-1　　　　　　　　道路网社会环境评价指标

类别	影响因素	影响的度量
经济环境	①促进产业开发；②促进资源开发；③扩大市场范围；④促进生产运输合理化；⑤增加人们就业机会；⑥增加国家税收	相对经济评价来讲，这些指标多体现的是间接效益，大部分为定性，有可能定量化
政策环境	①加强国防安全；②促进民族团结；③提高国家和地区声誉	描述性的
文化环境	①促进文化交流；②缩小城乡差别	描述性的
生活环境	①噪声	以车辆噪音衡量（分贝）
	②振动	车辆振动
	③大气污染	主要是 CO，NO_2 量（$\times 10^{-6}$）
	④水质污染	BOD 生物需氧量
	⑤空气的隔断	社区和农田分离（分隔比例）
	⑥历史遗产和古迹	
生态环境	①地形和地貌	软土地基、填挖方
	②动物	野生动物自然保护区破坏面积和程度
	③植物	森林、草原等植被破坏面积和程度
	④自然景观	风景名胜区破坏程度

3.3.3　公路工程 PPP 项目的经济评价

公路工程 PPP 项目规划的经济评价内容和评价指标如表 3-2、表 3-3所示。

表 3-2　　　　　　　　道路网经济评价的内容

内容	具体项目
费用	①公路建设费用；②公路大修费用；③公路养护费用；④公路管理费用残值
效益	①公路晋级效益；②货物、旅客节约在途时间效益；③减少交通事故效益；④减少货损效益

表 3-3　　　　　　　　道路网经济评价指标

评价指标	计算公式
①经济效益净现值 ENPV	$\text{ENPV} = \sum_{t=1}^{n}(B_t - C_t)(1 + I_s)^{-t}$ 式中，ENPV 为经济净现值；I_s 为社会平均折现率
②经济内部收益率 EIRR	$\sum_{t=1}^{n}(B_t - C_t)(1 + \text{EIRR})^{-t} = 0$ 式中，B_t 为第 t 年的收益；C_t 为第 t 年的费用；EIRR 为内部收益率；n 为工程使用年限
③经济效益费用比 EBCR	$\text{EBCR} = \dfrac{\sum_{t=1}^{n} B_t(1 + I_s)^{-t}}{\sum_{t=1}^{n} C_t(1 + I_s)^{-t}}$，式中符号同前
④经济投资回收期 N	经济投资回收期是指当净现金流量折算值之和为零时，该年距项目评估期初的年数

3.4　秭归长江公路大桥 PPP 项目规划识别

交通运输业 PPP 项目属于基础设施类项目，其投资规模较大、需求长期稳定、市场化程度较高，适宜采用政府和社会资本合作模式（PPP）。PPP 项目的投资管理，层层相扣，联系紧密。科学、合理、规范地做好投资管理，控制投资风险，实现资源的有效配置，有助于物有所值目标的实现。根据《关于印发政府和社会资本合作模式操作指南

(试行)的通知》(财金〔2014〕113号)中政府和社会资本合作项目的操作流程，交通运输业PPP项目的投资管理一般分识别、准备、采购、执行、移交5个阶段进行。

3.4.1 省域副中心城市规划识别

秭归长江公路大桥地处湖北省宜昌市秭归县。宜昌是我国中部地区的重要交通枢纽城市，有长江航线、3条铁路、5条高速公路贯穿辖区，三峡大坝、葛洲坝等水电设施是辖区经济的有力支撑，综合实力多年连续位居湖北省前列。由于特殊的经济地理区位，宜昌市成为国务院批准的《湖北省城镇体系规划》中湖北省两个"省域副中心城市"之一，秭归长江公路大桥是支持宜昌成为省域副中心城市的特大项目。

3.4.2 县市一体化规划识别

秭归县地处湖北省西部、长江西陵峡畔，是长江三峡工程坝上库首第一城，三峡地区主要中转港口和旅游城市。随着三峡翻坝高速公路的通车和三峡专用公路的提档升级，秭归拉近了与宜昌市城区间的时空距离，与宜昌市城区联系更加紧密，形成了半小时经济圈。秭归作为宜昌省域副中心城市建设的重要组成部分，无论是区位交通、自然资源、人文环境，还是产业发展，均在宜昌省域副中心城市建设中具有十分重要的地位，如图3-2所示。建设秭归长江公路大桥促进了省市县一体化。

3.4.3 鄂西南主通道规划识别

根据《湖北省骨架公路网规划》，秭归长江公路大桥是纵六线(郧县至来凤县公路通道)的第2条支线——兴山至五峰公路跨越长江的节点工程。纵六线及其支线是南北向贯穿湖北省鄂西地区的重要规划通道，在连接了湖北省多个西部重要城镇的同时，贯穿了湖北省骨架公路网中的全部五条东西向横线通道，其建成后必将成为鄂西南北向出行的主要联系通道，如图3-3、图3-4所示。项目向北延伸将连接G42沪蓉高速，

3.4 秭归长江公路大桥 PPP 项目规划识别

向南延伸沟通 G50 沪渝高速,将有效拓展沪蓉及沪渝两条国家干线高速公路的辐射影响力,在方便秭归南北两地民众过江出行的同时,也大幅提升了三峡库区及周边其他地区如神农架、巴东等地的公路运输条件。

图 3-2 湖北省"一主两副"战略示意图

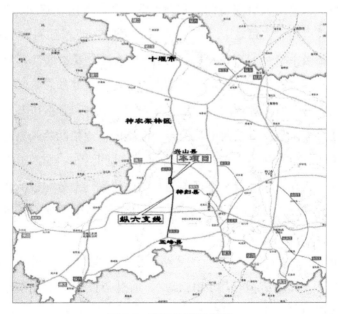

图 3-3 项目位置示意图

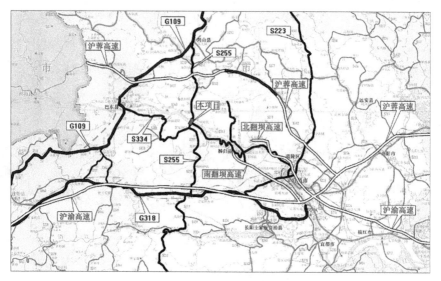

图 3-4　项目周边路网衔接示意图

3.4.4　鄂西生态文化旅游圈交通规划识别

秭归长江公路大桥项目同时也是《鄂西生态文化旅游圈交通规划》中提出的重点建设项目之一。它不仅将成为湖北省"一江两山"景区(长江三峡、武当山、神农架)核心地带内外联系的重要通道,其建成亦会对推进湖北省鄂西生态文化旅游圈建设产生十分重要的影响。项目所在通道自北向南串联了鄂西的武当山、神农架、三峡风景区以及清江风景区,并通过宜张高速继续向南延伸至湖南境内,连接湘西张家界、凤凰古城等重要旅游景区。因此本项目将对增进湖北省"一江两山"核心景区内部联系和加强湘、鄂旅游资源的互动交流起到十分积极的作用,项目沿线旅游资源与通道如图 3-5 所示,其核心地带景区分布如图 3-6 所示。

以上规划识别表明秭归长江公路大桥是优良的 PPP 模式项目。因此,秭归县人民政府拟采用 PPP 模式,通过与社会资本合作建设、营运、管理该项目。

3.4 秭归长江公路大桥 PPP 项目规划识别

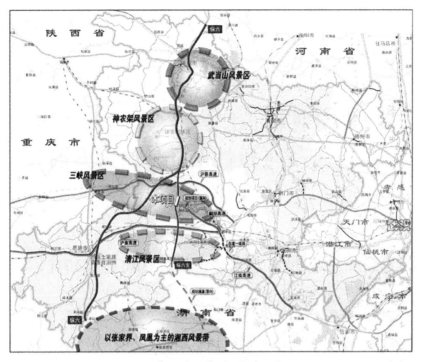

图 3-5 项目沿线旅游资源示意图

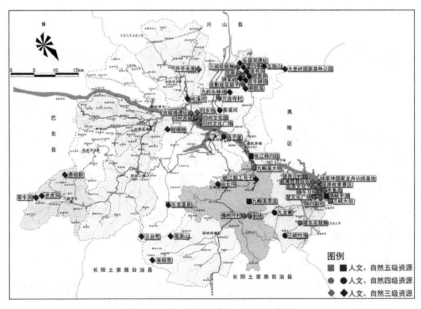

图 3-6 核心地带景区分布示意图

第4章 秭归长江公路大桥 PPP 项目可行性论证与投资决策

4.1 公路工程 PPP 项目论证阶段的可行性研究

公路工程 PPP 项目需要进行可行性研究论证。公路工程 PPP 项目可行性研究的任务就是研究比较公路工程 PPP 项目不同建设方案的可行性和合理性，正确地进行投资决策，从不同方案中选择一个技术上先进、经济上合理、投资效益高的最优方案，为编制公路工程 PPP 项目设计任务书提供依据。

编制公路工程 PPP 项目可行性研究报告是一项十分严肃和复杂的技术经济分析论证工作，因而要求做到以下 4 点。

（1）具有全局性。公路工程 PPP 项目可行性研究涉及国家、地区、部门、企业及个人多方面的利益，所以需用系统的思想和方法全面地研究论证项目的地位、作用、利益和损失。不仅要从技术和经济上考证项目的可行性，还要从社会文化、环境资源方面论证其可行性；不仅要从微观角度研究项目建设是否可行，还要从宏观角度对项目进行研究和评价；不仅要分析项目建设的近期可行性，还要对项目的长远利益和影响进行预测和研究。因而，可行性研究要全面地研究国家的产业发展政策、投资政策、环境保护政策、国家和社会经济长期发展战略和规划，也要研究有关地方、部门的社会经济发展战略和规划等。

(2)具有客观公正性。可行性研究要在广泛搜集各方面资料的基础上,由浅入深、由表及里地分析整理,去伪存真,使可行性研究的结果建立在真实可靠的事实基础上。在论证当中,必须保持编制单位的客观公正性,不受外界因素的干扰,尤其要避免"长官意志"。

(3)具有科学性。进行可行性研究,应经过充分的调查研究与实地踏勘,获得第一手资料,并运用现代化手段做多方案的比选,本着实事求是的原则进行分析和论证,按科学规律、经济规律办事,以保证可行性研究的科学性和严肃性。为了维护科学性,在实际工作中不能把可行性研究作为争项目、争投资、争利益的手段,不能东拼西凑,把"不可行"的项目研究为"可行"的项目。

(4)具有一定的可操作性。可行性研究要注重研究与项目有关的前瞻性和关键性的综合技术经济问题。研究应具有相当的深度,研究结论必须明确,不能含糊其辞,模棱两可。研究不能将后面初步设计程序中要解决的问题,全部拿到可行性研究中解决,这样可行性研究耗时会增加,延缓项目进度,浪费人力、财力和物力。

4.1.1 公路工程 PPP 项目可行性研究的内容与程序

1. 公路工程 PPP 项目可行性研究的依据

对一个通过规划识别和决策拟建的公路工程 PPP 项目进行可行性研究,必须在国家有关的规划、政策、法规的指导下完成,同时要有相应的各种技术资料。一般来说,应具备以下几个方面的依据。

(1)国家、地区、部门有关的发展规划、计划文件,包括国家和地区的经济和社会发展战略及规划、国家和地区的交通发展战略与规划、公路网络发展战略与规划,还包括政府对交通运输业的优惠、鼓励、持许、限制、禁止等政策。

(2)项目主管部门对项目建设的要求和相关请示的批复。

(3)项目规划、规划建议书、立项建议书及其审批文件。

(4) PPP项目识别分析建议书和投资决策报告及其文件审批资料。

(5) 项目承办单位委托有关机构进行可行性研究的合同或协议。

(6) 国家有关项目建设的经济、交通法规，如引进外资、筹资、贷款等方面的法规。

(7) 国家有关公路建设方面的技术标准、规范、定额等资料。

(8) 项目所在地自然、经济、社会的历史记录和现状。

(9) 勘察测量报告、地质勘探报告、试验试制报告。在进行可行性研究之前，对公路工程项目场地进行必要的勘探测量。某些需要经过实验检测的问题，应由项目承办单位委托有关单位进行勘探、测量、试验或测试，并将其结果作为可行性研究的依据。

2. 公路工程PPP项目可行性研究的内容

公路工程PPP项目可行性研究的主要内容应包括以下9个方面，详见表4-1。

(1) 建设项目依据、历史背景、项目所在地综合运输网的交通运输现状和该项目在交通运输网中的地位及作用；

(2) 原有公路的技术状况及适应程度；

(3) 论述项目所在地的经济特征，研究建设项目与经济发展的内在联系，预测交通量、运输量的发展水平；

(4) 项目所在地的地理位置、地形地貌、地质、气候、水文等自然特征；

(5) 建筑材料来源及运输条件；

(6) 论证不同建设方案的路线起讫点和主要控制点、建设规模、标准，提出推荐意见；

(7) 评价项目对环境的影响；

(8) 测算主要工程数量、征地拆迁数量，估算投资总额，提出资金筹措方式，提出勘测设计、施工计划安排，确定运输成本及有关经济参数；

(9) 进行经济评价、敏感性分析，对收费公路、桥梁、隧道项目还需做出财务分析，评价推荐方案，提出存在的问题和相关建议。

表 4-1 可行性研究内容比较

项目		机会可行性研究	预可行性研究	工程可行性研究
总体要求		①项目规划建议书的依据；②研究规划的必要性；③概略研究，结论是概要的；④1：10万比例以上规划图为基础，辅以踏勘、调查；⑤提出规划方案设想和投资估算	①项目立项建议书的依据；②研究建设的必要性；③概略研究，结论是初步的；④工程作业以1：5万比例尺图为基础，辅以踏勘、调查；⑤提出建设方案设想和投资估算	①设计任务书的依据；②全面研究建设的必要性、技术的可行性、经济的合理性、实施的可能性；③要求研究结论建立在定性、定量充分论证的基础之上；④高等级公路工程作业基础为1：1万图，根据具体情况选用更大比例尺图，需进行必要的测量和钻探；⑤解决路线大方案投资估算与概算误差控制在10%以内
提供的主要图表要求		在1：10万~1：30万地图上标出规划路线	在1：5万~1：10万地图上标出路线方案	高等级公路要求1：1万地形图上的路线方案
资料要求	社会经济调查	资料简要、概括，内容及范围参见《公路建设项目可行性研究报告编制办法》(以下简称《编制办法》)，未来年份社会经济资料以统计基础	资料简要、概括，内容范围参见《编制办法》，未来年份社会经济资料以经济计划和规划为基础	资料要求全面、系统，内容及范围参见《编制办法》，未来年份要求进行社会经济发展预测为基础
	交通情况调查	交通情况调查以统计资料为基础	范围及内容参见《编制办法》，不要求OD调查	范围：五种运输方式。内容参见《编制办法》，高等级公路要求OD调查
	路况运输调查	路况运输调查以统计资料为基础	路网及相关公路概况。公路部门运输效率指标	路网概况，其他交通线路及相关公路路况，全社会公路运输效率指标

续表

项目	机会可行性研究	预可行性研究	工程可行性研究
交通量预测	以基年统计资料交通量和交通增长率为基础，回归预测	以基年交通量和交通增长率为基础，采用定基与定标相结合的预测技术	高等级公路和特大桥要求进行交通量生成，分布和路网分配的分析与预测，研究收费情况下的交通量预测
经济评价	①初步经济评价；②不要求参数动态处理；③不要求效益费用调整；④不做敏感性分析；⑤不做财务分析	①按经济评价办法，提出初步经济评价；②不要求参数动态处理；③效益费用调整可直接参考《方法与参数》；④不要求敏感性分析；⑤收费公路粗略财务分析	①按经济评价办法提出完整经济评价；②效益计算中的某些参数要求动态处理；③效益费用调整须根据项目具体研究；④要求敏感性分析；⑤收费公路要求财务分析

可行性研究按其内容深度，分为机会可行性研究、预可行性研究(初步可行性研究)和工程可行性研究。三者在研究上述内容时，要求有所不同。机会可行性研究重点在于阐明将公路工程PPP项目纳入规划的必要性，通过初步踏勘和调查研究，初步拟定项目的规模、技术标准，进行简要的社会经济效益分析，以作为编制项目规划建议书的依据；初步可行性研究是在机会可行性研究的基础上，重点从社会经济高度分析项目立项的必要性，进行详细的勘探测量和调研，拟定项目规模、技术标准，进行初步的社会经济效益分析，经审批后作为编制项目立项建议书的依据；工程可行性研究则是通过更为详细的测量、地质勘探(大桥、隧道及不良地质地段等)，在认真调查研究、查阅各类资料的基础上，对不同建设方案从经济上、技术上进行综合论证，选出推荐方案。方案经审批后作为编制设计计划书的依据。工程可行性研究的投资估算与初步设计概算之差，应控制在±10%以内。机会可行性研究、初步可行性研究和工程可行性研究的具体区别见表4-1。

3. 公路工程 PPP 项目可行性研究的步骤

公路工程 PPP 项目可行性研究的一般工作步骤。

1)接受任务与签订合同

公路工程 PPP 项目的可行性研究，可以由项目主管部门直接给工程设计单位下达任务，也可以由 PPP 项目业主自行委托有资格的工程设计单位承担。

PPP 项目业主和受委托单位签订的合同内容一般应包括：该项目可行性研究的依据、研究的范围和内容、研究工作的质量和进度、研究所需费用及其支付方法、合同双方的责任和义务、双方合作方式和关于违约处理的方法等内容。

2)组织准备与计划安排

受委托单位接受任务后，应根据工作内容组织项目小组、确定项目负责人和专业负责人。承担研究工作的人员，必须具有较丰富的公路勘察设计和施工经验，还要在宏观经济、公路经济、交通工程等领域有深厚知识储备。项目负责人应具备足够的专业知识、远大的目光、较高的领导水平和丰富的工作经验。研究组一般包括如下人员：项目负责人、公路经济人员、交通工程人员、公路路线工程人员、桥隧工程人员、公路路面工程人员、地质水文人员及工程概预算人员等。

项目组根据任务要求，研究制订工作计划和实施进度。在安排实施时，要充分考虑各专业的工作特点和任务交叉情况，协调技术、经济、交通各专业的关系，为各项专业工作预留充分的时间。根据研究工作进度和内容要求，需要向外分包工作任务时，应办理好分包手续，处理好与分包单位间的关系。

3)调查研究与资料搜集

在清楚地了解公路项目建设意图和要求的基础上，拟定调查研究提纲，组织专业人员，赴现场进行实地调查和专题抽样调查。调查内容包括经济调查、交通量调查、路况调查、地形图或航测照片定线、线路桥隧踏勘、地质调查、建筑材料调查、线路桥隧测量和地质勘察钻探。

机动车起讫点调查(OD 调查)的布点应在准备阶段初期拟好。作业人员实施外业时，应先与项目所在地区公路管理部门商定，然后分布到各调查点，组织交调、路政、监察、运营等部门协同完成。

通过这些调查，研究人员可以广泛搜集项目所在地区的经济、社会、自然资源、环境、交通、运输等方面的资料，并以科学的方法对资料进行整理、分析，为技术方案设计和技术经济评价提供可靠的依据。

4) 方案设计与经济分析

在搜集、整理了必要的设计、技术和经济资料的基础上，研究人员继续开展深入的分析、研究工作，其内容包括：公路运输量及交通量的预测和评价、工程规模与技术标准研究、线路和桥隧方案研究、建设材料来源分析、环境保护工作研究、工程量分析与估算、投资估算及资金来源研究、经济评价、建设工期安排等。研究人员通过以上工作，提出若干种可供选择的建设方案，并进行比较和评价，从中选择或推荐最佳的建设方案。

5) 编写报告文本及绘制附表、附图

在对建设方案进行技术经济论证和评价后，研究人员分别编写详尽的可行性研究报告。在报告中可推荐一个或几个项目建设的方案，也可提出项目不可行的结论意见或项目改建的建议。研究报告须按《公路建设项目可行性研究报告编制办法》的格式和要求编写。

6) 报告出版、上报及评审

按现行规定，大中型建设项目的可行性研究报告，应由主管部委、各省、市、自治区或全国性专业公司负责预审，报国家发展和改革委员会审批，也可由国家发展和改革委员会委托有关单位审批。重大项目和特殊项目的可行性研究报告，由国家发展和改革委员会会同有关部门预审后，报国务院审批。小型项目的可行性研究报告按隶属关系，由主管部委、各省、市、自治区或全国性专业公司审批。

公路工程 PPP 项目可行性研究工作步骤见图 4-1。

4.1 公路工程PPP项目论证阶段的可行性研究

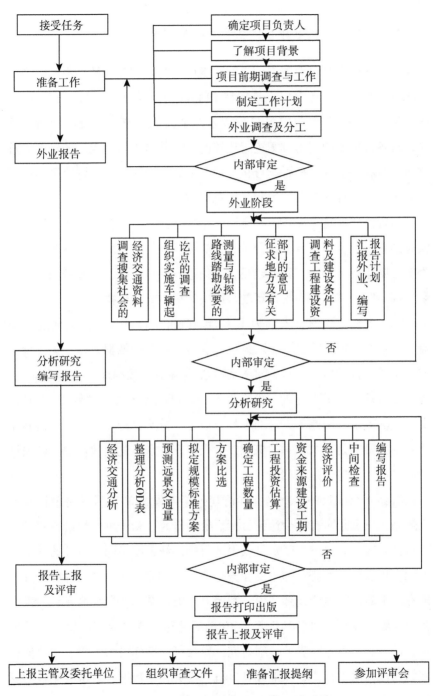

图4-1 公路建设项目可行性研究工作步骤

4.1.2 公路工程 PPP 项目的机会可行性研究

可行性研究是目前国内外工程建设中广泛采用的一种技术经济论证方法。PPP 项目可行性研究是指在 PPP 项目决策前，通过对有关的工程、技术、经济等方面情况进行深入、全面的调查、研究、分析、预测，对各种可能的实施方案进行比较论证，并对项目建成后的经济损益进行测算和评价的一种科学分析活动。由此，为该项目投资决策推荐可行方案，为设计任务书的编制、审批提供科学依据。

可行性研究是 PPP 项目前期工作的重要内容，它从 PPP 项目建设实施的全过程、多角度考察分析项目的可行性。其目的是回答该项目是否有必要建设，是否有可能建成，如何进行建设，能给社会带来多大的利益等问题。其结论为投资者的最终决策提供直接依据。

就人类社会而言，人们为了不断地改善生存条件，持续地进行建设。就各个国家而言，为了取得社会进步，每个时期都要建设一大批生产、生活、科学研究项目。对于尚处在发展中的我国而言，各个部门、各个领域都需要加强建设，提高生产力，以满足人民日益增长的物质、文化生活需求。因此，大量的工程建设是十分必要的。当然，建设 PPP 项目的必要性是一个相对的概念。一个国家的众多建设项目中，各项目的必要性和紧迫性是不相同的。

机会研究的目的，就是要弄清楚公路工程 PPP 项目是否值得被纳入规划，投资是否有机会达到目标。机会研究、初步可行性研究和工程可行性研究三者之间的区别是获得资料的详细程度不同，研究的深度也不同。机会可行性研究的主要任务是为 PPP 项目的投资方向提出建议。即在一个确定的地区或部门内，利用自然资源基础，寻找最有利的投资机会，编制规划，对各种设想的 PPP 项目和投资机会作出鉴定，并确定有没有必要作进一步的详细研究。机会研究工作较为粗略，主要依靠综合估计，而不是依靠详细计算分析，投资费用数据一般从可比较的现有项目中得出。其投资估算误差范围应控制在±30%以内，研究费用一般占投资的 0.2%~1.0%。

机会研究分为一般机会研究和具体项目的机会研究。一般机会研究有地区研究、部门研究和资源利用研究三种，目的是指明具体的投资项目或方向。具体项目的机会研究是在一般机会研究的基础上，将设想的建设项目转变为概括性的投资建议，以供投资者决策。机会研究阶段相当于我国基本建设程序中的"项目规划建议书"阶段。

机会研究的主要内容是：地区情况、产业政策、资源条件、劳动力状况、社会条件、地理环境、国内外市场情况以及工程项目建成后对社会的影响等。

4.1.3 公路工程 PPP 项目的初步可行性研究

初步可行性研究，也称预可行性研究，介于机会研究和工程可行性研究之间。当 PPP 项目的规划设想经过机会可行性研究的分析、鉴定，认为有投资价值，值得进一步研究时，才进入初步可行性研究阶段。

经济合理性是初步可行性研究的核心。任何国家，尤其是发展中国家，都面临一个基本的经济问题，就是如何把有限的资源合理分配到各种不同用途中。有限的资源包括劳动力、资金、外汇、土地及其他自然资源。资源不仅用来生产当前需要的消费品，提供社会服务，还可以用于远期基础设施及工业、农业、交通运输及其他部门的投资等。一个国家或地区，乃至整个地球的资源都是有限的，一种资源用于某一方面，就会减少这种资源在其他方面的可使用量。满足了一个社会目标，就可能以牺牲另一个目标为代价。这显然存在一种权衡，国家必须根据资源在各种可能的用途中对实现国家基本目标的贡献大小作抉择。可行性研究的一个重要任务，就是以一种人们所容易接受的方式，分析比较资源的各方面用途对国家基本目标贡献的大小，从而选择出最佳用途。实质上就是把项目的效益和费用放在一个共同可比的标准上进行衡量和评价。如果效益大于费用，PPP 项目是可以接受的，该项目经济上是合理的；否则，项目经济就是不合理的，不应该建设。一个项目的效益是根据其对实现国家某一时期的基本目标,所产生的效果来定义的。而费用是根据被放弃的替代项目所能产生的效益的大小,即机会损失来衡量的。通过经济评价,确定当前项目是最优的,即把资源用于此项目比用于其他任何替代项目所产生的效果都要好。

进行初步可行性研究的目的是节约时间和费用,因为进行详尽的可行性研究,是一项费时费力的工作。初步可行性研究并不是预投资期不可缺少的阶段,根据拟建项目的具体情况,一般小型项目可以不进行初步可行性研究。

初步可行性研究投资估算误差一般应控制在±20%以内,其研究费用一般占投资的 0.25%~1.25%。

4.1.4 公路工程 PPP 项目的工程可行性研究

工程可行性研究有时被称为最终可行性研究或详细可行性研究,是投资前期研究和评价的最后阶段内容。它必须详细说明与项目有关的关键因素,以及实现建设目标的各种可行方案,通过技术经济论证选取最佳方案,为建设方案的投资决策提供技术上、经济上和环境上的依据。工程技术的可行性是这一阶段研究的主要内容,包含有两层含意:一是某项目以现有技术水平是否可以完成;二是该项目需要采用什么技术,各项技术之间的集成配套性如何,技术与资源、环境的协调性如何。就大多数情况而论,只要投入相应的资金,技术要求都是有可能满足的。因此,技术可行性是指一定资金条件下的技术可行性。可以认为,技术可行性与项目所在地区及全国的经济、技术水平相关联。

工程可行性研究一般有以下几方面的内容。

(1)工程项目的概况:项目的背景、项目经济价值、项目资金来源、研究工作的依据和范围。

(2)需求预测和拟建规模:产品和劳务的现有供应能力分析、未来需求状况预测、拟建项目的规模预测、各设计方案在技术经济层面的比较分析。

(3)资源及公用设施情况：资源种类、资源储量、资源品级、资源的来源及供应条件、所需公用设施的供应情况。

(4)项目地理条件和项目选址：地理位置、气象、水文、地质、地形、社会经济情况、人文景观状况，以及对项目布局的方案比较和选择依据。

(5)工程项目设计：综合上述各方面的要求，设计多种方案，并对不同选型方案进行比较，选取最优方案；同时，要确定土建结构及工程量，编制费用估算表。

(6)环境保护措施：调查环境现状，预测项目对环境可能造成的影响，提出环境保护的建议和措施。

(7)组织机构的建立与管理费用估算：组织结构设计与项目设计密切相关，结合项目设计确定各类机构和人员组成，估算相应的管理费用。

(8)制定工程实施进度计划：工程实施期限指从项目决定投资到正式生产这段时间。实施期限的长短直接影响工程项目的经济效益，所以相关方应以科学的方法制定实施进度计划。

(9)投资估算及资金筹措：主体工程、分项工程及辅助配套工程的投资估算，资金来源、筹措方式及贷款的偿付方式、贷款利息计付，资金使用计划及管理方式。

(10)社会经济效益评价：包括国民经济评价与企业财务评价。主要技术经济指标有内部收益率、净现值、效益费用比、投资回收期、投资偿还能力、敏感性等。

4.2 秭归长江公路大桥 PPP 项目的可行性论证

此阶段投资管理的重点是控制投资估算，科学、合理地进行投资决策。在交通运输业 PPP 项目中，建设标准的确定、建设地区的选择、建设场地的选择、工艺评选、设备选用、土地征拆、工程方案等，均会对前期投资估算产生重要影响。当然，政府的财政承受能力也是考虑的重中之重。财政承受能力不足是指地方财政余额不足以支撑该项目的建造，这会导致项目无法进入国家库，无法纳入政府中长期财政预算，造成融资困难。对于不同方案的选择，可采用指标评价法（包括但不限于投资收益率、投资回收期、内部收益率等）、敏感性分析及风险因素分析法等，进行方案的比较，同时兼顾经济及社会效益，选出造价的最优方案。

4.2.1 秭归长江公路大桥 PPP 项目建设的必要性

《秭归长江公路大桥工程可行性研究报告》于 2013 年 6 月获得国家发展和改革委员会批复，批复估算 19.46 亿元，静态投资 17.5 亿元，批复项目性质为政府还贷公路。

可行性研究报告必要性结论如下：

（1）本项目是南北向贯穿鄂西地区纵六线支线的重要组成部分，连接十堰市、神农架林区、兴山、秭归等多个重要城镇，贯穿湖北省骨架公路网中 G70 福银高速、G42 沪蓉高速、G50 沪渝高速、G4213 麻城至安康高速公路以及阳新至咸丰高速公路 5 条东西向横线通道，其建成后必将成为鄂西地区交通出行和物资转换的主要通道。

（2）本项目与 S312、S255、翻坝高速等共同构成贯穿宜昌市西部地区的重要通道，满足了构筑宜昌"六线三环"公路主通道的需要。

（3）本项目建成后，将为库区构筑一条快速便捷、安全有效的过江通道，将有效解决因三峡工程建设所导致的过江难、过河难、行路难、运输难等问题，有力保障三峡移民正常的生产和生活运输需求。

（4）本项目建成后，将连接鄂西北、鄂西南及湘西多个旅游景区，形成贯穿武当山、神农架林区、三峡风景区、清江风景区以及湘西张家界以及凤凰古城的黄金旅游通道。

（5）本项目的建设是适应社会经济发展和交通需求增长的需要。

4.2.2 秭归长江公路大桥 PPP 项目的交通区位分析

秭归长江公路大桥是南北向贯穿鄂西地区纵六线支线的重要组成部分，连接了十堰市、神农架林区、兴山、秭归等多个重要城镇，贯穿了湖北省骨架公路网中 G70 福银高速、G42 沪蓉高速、G50 沪渝高速、G4213 麻城至安康高速公路以及阳新至咸丰高速公路 5 条东西向横线通道，其建成后必将成为鄂西地区交通出行和物资转换的主要通道。

鄂西交通现状是无南北向高速公路通道，汽车出行主要通过现有国道 G209 及其他地方道路，或经福银高速、二广高速、沪渝高速绕行襄阳、宜昌等地实现。本项目以及呼北高速湖北段建成通车后，鄂西地区南北向将增加两条新的汽车出行通道。十堰至恩施出行路径比较如表 4-2 所示，十堰至恩施汽车出行通道示意图如图 4-2 所示。

表 4-2　　　　　十堰至恩施出行路径比较表

编号	路径走向	里程（km）	通行费用（元）	理论通行时间(h)	主要线路构成
1	十堰—保康—宜昌—恩施	505	354	6.3	福银高速+呼北高速+沪渝高速
2	十堰—房县—神农架—兴山—秭归—恩施	420	159	7.6	十房高速+G209新线+S255+沪渝高速
3	十堰—房县—神农架—巴东—建始—恩施	422	102	8.7	十房高速+G209+建恩高速

由图 4-2、表 4-2 可知，十堰与恩施之间的汽车出行，若选取全程高速的通道 1，则绕行距离过远，从而导致行程时间和通行费用均较高。而通道 3 内的原有国道 G209 路线线形和路面状况均较差；

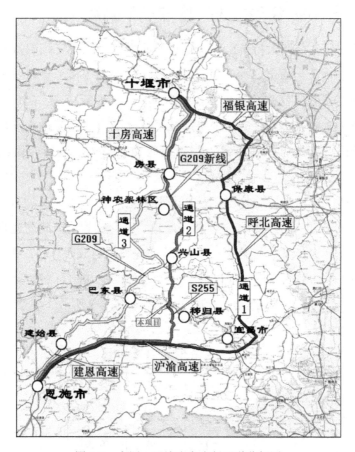

图 4-2　十堰—恩施汽车出行通道分析图

即使在建恩高速建成通车的前提下，通道 3 出行时间仍远高于秭归长江公路大桥所处的通道 2；由于本项目所处的通道 2 为鄂西地区福银高速、沪蓉高速和沪渝高速三条横向国家高速间最顺直、行车条件最好的连接道路，因此通道 2 在鄂西地区南北向出行通道中竞争性较强。

1. 构筑鄂西"六线三环"公路主通道

本项目建成后，人民群众可经秭归长江公路大桥，选择宜昌西北部至鄂西的兴山县或东南部的宜都市，作为内区间出行的经济路线。且车辆自宜昌市西北部至宜昌市南部地区，相比于以前沿沪蓉高速经宜昌猇亭区转沪渝高速的行驶里程将大大缩短。由表4-3可知，本项目所处的通道2行车里程比通道1和通道3分别缩短了22km和47km；虽然理论通行时间比通道1长0.5h，但与通道1相比，通行费用节省约46.7%。因此本项目所处的通道2能大幅缩短宜昌市内纵向出行的在途时间，大幅减少能源消耗，如图4-3和表4-3所示。

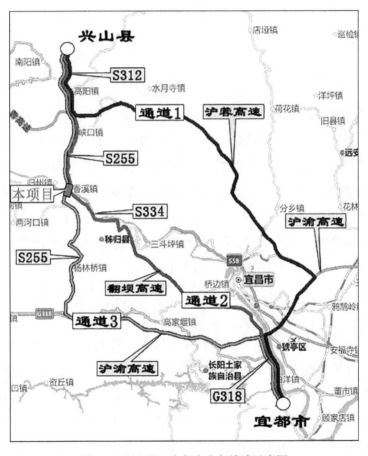

图4-3 兴山县—宜都市出行线路示意图

表 4-3　　　　　　　　兴山县至宜都市出行路径比较表

编号	路径走向	里程（km）	通行费用（元）	理论通行时间（h）	主要线路构成
1	兴山—水月寺镇—宜昌市—宜都	195	135	3.1	S312+沪蓉高速+沪渝高速+G318
2	兴山—香溪镇—宜昌—宜都市	173	72	3.6	S312+S255+S334+翻坝高速+G318
3	兴山—香溪镇—杨林桥镇—宜都	220	72	4.8	S312+S255+沪渝高速+G318

2. 三峡移民生产和生活保障工程

当下秭归县南北向交通主要经由香溪汽渡，而三峡大坝建成蓄水后，香溪汽渡附近江面宽度由蓄水前的 350m 增加到约 1200m，直接导致汽渡营运里程变长，单次过江时间长达 1 小时左右，渡运效率整体下降。本项目建成后，汽车经由本项目过江，仅需几分钟时间且无需穿越郭家坝镇街道，过江交通运输效率将显著上升，对两岸百姓的生活干扰也将大幅降低。因此，本项目的建成通车将结束秭归县境内无长江大桥、附近居民过江困难的现状，如图 4-4 所示。

3. 黄金旅游通道

秭归长江公路大桥所在地及其周边区域，是湖北省大力发展的鄂西生态文化旅游圈和"一江两山"景区的核心区域（图 4-5），这里集中分布了长江三峡、神农架、武当山、清江等一批湖北省高品质、高潜力的旅游资源。但由于缺乏区域的整体规划、协调，目前辖区内景点关联性不强，相互的合作交流极为有限。这限制了该地区旅游业的进一步发展。

同时，对于同处于中部地区的旅游大省——湖南省而言，其毗邻鄂西地区的湘西北同样是旅游资源分布较为密集的区域。张家界、凤凰等

4.2 秭归长江公路大桥 PPP 项目的可行性论证

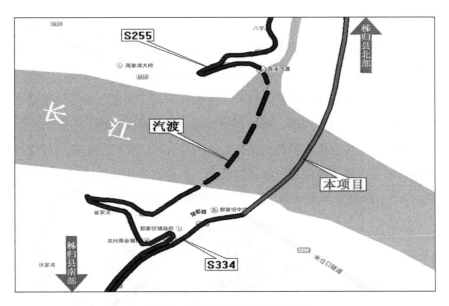

图 4-4 秭归县过江交通示意图

图 4-5 鄂西生态文化旅游圈示意图

景区与湖北省"一江两山"相比，其吸引力和影响力不遑多让。然而，因为受制于落后的交通运输条件，即使最近距离不足百千米，湘、鄂景区之间的互动联系也十分有限。

本项目所处公路通道的建设,将有效改善鄂西各景点间相互隔离的不利发展格局。鉴于相关部门已经着手研究纵六支二线向南延伸的规划方案,该通道未来还可作为连接湘、鄂两省西部主要景区的省际旅游公路通道,从而有效增强湘、鄂西部旅游资源的交流与协作。本次选择鄂西著名风景区神农架和湘西旅游胜地张家界作为节点,分析本项目作为鄂西、湘西旅游景区间出行通道的竞争性。鄂西生态文化旅游圈示意图见图4-5,神农架至张家界出行线路示意图见图4-6。

图4-6 神农架—张家界出行线路示意图

由图 4-5 和图 4-6 可知，通道 3 由于绕行距离较长，其竞争性与通道 1 和通道 2 相比较差。在湖北省纵六线尚未向南延伸至湖南省境内的前提下，由保神高速、呼北高速组成的通道 1 与本项目所在的通道 2 行车里程较为相近。虽然通道 1 全程为高速公路，全程行程时间较短，但其周边基本无旅游景点。而通道 2 沿线分布有神农架风景区、三峡景区、清江风景区，其对旅游交通量的吸引力远高于通道 1。在远期湖北省纵六线向南延伸至湖南省慈利县后，本项目所处的通道 2 将成为连接鄂西、湘西两大旅游资源区的最便捷道路。

4. 适应经济社会发展和交通需求增长

随着三峡大坝建成及蓄水水位的提升，秭归县人民的过江出行不畅问题更为突出。维系秭归境内长江两岸联系和承担生活物资配送、农副产品外销外运的主要过江通道是香溪汽渡，但是大坝蓄水后，航道江面宽度大大增加，导致汽渡营运里程和运行时间的延长以及整体渡运效率的下降，原本有限的运输能力显得更为紧张。此外，蓄水水位的提升还造成了渡口附近江面大雾和大风出现的频率急剧增大，渡运条件明显下降，加之汽渡航线与长江主航道航线交叉，日常营运安全难以得到保障。而且，随着沿江地区社会经济日益发展，过江交通量将逐步上升，届时汽渡将无法适应日益增长的交通需求。

5. 公路路网关联性分析

秭归长江公路大桥在秭归县乃至整个鄂西地区公路路网中有着极其重要的作用。路网相关道路有峡堡线（S255）、宜巴线（S334）、国道 G209 湖北段、宜巴高速、宜恩高速以及三峡翻坝高速。

(1) 峡堡线：峡堡线北起于兴山县峡口镇，向南延伸经秭归县，止于长阳土家族自治县（以下简称"长阳县"），全长 92km，技术标准为二级公路，日均交通量为 8080 辆标准小客车。

(2) 宜巴线：宜巴线东起于宜昌市城区，沿江向西延伸经秭归县，止于恩施土家族苗族自治州(以下简称"恩施州")巴东县，全长197km，技术标准为二级公路，日均交通量为1643辆标准小客车。

(3)国道G209湖北段：G209湖北段北起郧县北部湖北省边界，向南依次经十堰、房县、巴东、建始、恩施、宣恩、来凤，由来凤县南部进入湖南，技术标准为二级公路，鄂西境内路段日均交通量为7568辆标准小客车。

(4)巴东长江大桥：巴东长江大桥(公路桥)是国道G209线跨越长江的一座特大型桥梁，桥梁北岸接G209国道复建工程(三峡库区淹没还建工程)，南岸接巴东新县城沿江大道，为双向四车道技术标准。

(5)宜巴高速：宜巴高速是G42沪蓉高速(上海至成都)的重要组成部分，起于荆宜高速公路白河服务区约3km处，止于鄂渝交界的火烧庵，途径宜昌市的夷陵、兴山、秭归和恩施州巴东县4个区县，全长173km，技术标准为双向四车道高速公路，设计速度80km/h。日均交通量约为7796辆标准小客车。

(6)宜恩高速：宜恩高速是G50沪渝高速(上海至重庆)的重要组成部分，东起宜昌长江公路大桥，西至恩施吉心，途经长阳县、秭归县、建始县，全长197km，技术标准为双向四车道高速公路，设计速度80km/h。

(7)三峡翻坝高速：三峡翻坝高速起于三峡库首第一县秭归县的曲溪桥，止于宜昌长江公路大桥南岸，途径秭归县及点军区，全长57.8km，技术标准为双向四车道高速公路，设计速度80km/h。

4.2.3 秭归长江公路大桥PPP项目交通量发展预测

1. 建设前期基础数据收集

秭归长江公路大桥是跨越长江的过江通道，是鄂西地区南北向交通通道的重要节点。项目建成后将取代香溪河汽渡，成为片区主要过江通道，极大提高过江通行能力以及过江效率。秭归长江公路大桥在促进片区经济社会发展的同时，也使片区交通量在路网上重新分配。本项目搜集了项目影响区域内主要道路在大桥建设前期最近年份的流量观测数据，包括香溪河轮渡汽车交通量(夏季上午 6：00—下午 7：00，冬季上午 7：00—下午 6：00)以及峡堡线与 G209 宜昌段近年分车型统计数据，具体见表 4-4~表 4-6 所示。

秭归长江公路大桥建设前期最近年份是 2014 年年初至 2014 年 8 月，香溪河轮渡年平均日交通量为 1775 辆标准小客车；峡堡线(江南路段)年平均日交通量为 8080 辆标准小客车；G209 宜昌段年平均日交通量为 5112 辆标准小客车。

表 4-4　　　　建设前期香溪河轮渡交通量统计

年份	小货	中货	大货	特大货	拖挂车	集装箱	小客车	大客车	自然数	当量数
2011 年	166	241	97	9	0	0	683	81	1278	1555
2012 年	161	274	115	10	0	0	675	84	1319	1632
2013 年	180	287	110	10	0	0	708	88	1383	1701
2014 年	186	264	123	12	0	0	773	92	1450	1775

表 4-5　　　　建设前期峡堡线(江南路段)交通量统计

年份	小货	中货	大货	特大货	拖挂车	集装箱	小客车	大客车	自然数	当量数
2011 年	467	435	527	345	0	0	765	39	2578	4032
2012 年	457	468	495	156	0	266	984	78	2904	4516
2014 年	654	843	912	0	0	856	1651	79	4995	8080

表 4-6　　　　建设前期 G209 宜昌段交通量统计

年份	小货	中货	大货	特大货	拖挂车	集装箱	小客车	大客车	自然数	当量数
2012 年	460	311	584	29	3	17	1179	139	2722	3628
2013 年	514	455	548	16	12	36	1904	282	3767	4811
2014 年	521	417	651	60	14	28	1883	317	3891	5112

2. 预测方法

1) 预测思路

在秭归长江公路大桥所在的运输走廊中,本项目与 G209、宜巴高速等交通通道具有一定的竞争性。随着湖北省骨架公路网的发展,新建高速公路的建成通车以及国省干道技术标准的提升,公路网内部交通量存在转移分流。本项目交通量预测需考虑兴神高速的影响,还要注意峡堡线、宜巴线改造升级对流量分配的影响。由于原有的香溪河汽渡在收费额、运行时间以及服务水平等方面均与本项目不具有竞争性,故本研究交通量预测不考虑香溪河汽渡对本项目交通量的分流。

在秭归长江公路大桥交通量预测过程中,应将公路网未来若干年的交通量在各特征年上分配,这其中与本项目承接线路有关的交通量,将有一部分转移到本项目上来。

秭归长江公路大桥是鄂西地区长江南北两岸联系的重要纽带,因而本项目的建成必然对区域内社会经济结构、产业布局和交通体系产生深远影响,从而诱发新的交通需求。因此,本项目未来承担的交通量构成中还必须考虑本项目的建设对经济和交通运输的诱增影响。

秭归长江公路大桥是鄂西生态旅游圈南北向旅游通道的重要组成部分,项目影响区域由北向南依次有武当山-太极湖旅游区、神农架旅游区、三峡大坝-平湖半岛旅游区、清江画廊旅游区以及恩施腾龙洞-大峡谷旅游区,旅游交通量将占通行总量相当大的比例。因此,本项目预测交通量必须着重考虑未来地区旅游业的发展所带来的旅游交通量。

2) 预测方法

正常增长交通量:秭归长江公路大桥正常增长交通量预测采用四阶段预测法。首先是交通量生成预测,根据历年公路客货运输统计资料与经济统计资料间的关系建立公路客货车交通量——经济关系发展模型,根据地方小区域经济发展规划指标,同时考虑大区域的总量控制,预测得到公路客货车交通量发展速度,结合基年公路汽车 OD 表,采用

FRATAR 法进行交通分布预测，分别预测得到未来特征年公路汽车 OD 表，最后根据未来公路网，采用用户平衡分配模型进行交通分配预测，预测得到拟建项目及其他相关公路未来的正常增长交通量。

诱增交通量：由于秭归长江公路大桥及其他规划项目的建设与运营，改善了项目所在地区的投资环境和交通条件，加快了旅游事业的发展，促进区域经济快速发展和潜在交通需求的释放，因而产生更多、新的交通需求。其主要体现在：①因时间和距离的缩短，改善了经济可接近性，引起市场范围的变化，产生更多的交通量；②道路交通条件改善后，沿线会布局新的产业和开发项目，伴随产生新的交通量；③新建公路改善区域交通条件后，诱发了(原来需要出行却因交通条件制约而未能出行的)潜在的交通需求。

另外，还要考虑区域间的运行时间，按照"有无比较法"的原则，根据趋势交通量的分布预测结果，结合相关公路的运行现状确定本项目诱增交通量占总交通量的比例，然后在各特征年的路网上进行分配。

旅游交通量：本项目旅游交通量预测，采用区域旅游系统吸引力模型进行预测。

3) 特征年的确定

结合本项目的实际情况，计划 2015 年开工，2019 年底建成运营。预测基年定为 2014 年，预测特征年为 2019 年、2020 年、2025 年、2030 年、2038 年和 2043 年。

3. 趋势诱增交通量评估

1) 基年 OD 分析

在趋势诱增交通量的评估过程中，选取主要相关道路，收集项目建设前期最近公路观测数据作为交通量预测基础。从对路网的影响来看，秭归长江公路大桥对 G209、峡堡线等道路影响较大，同时对高速公路也将产生一定影响，所以主要收集了香溪河汽渡、峡堡线、G209 最新路段观测交通量。

评估采用《宜昌香溪长江公路大桥工程可行性报告》交通分区，在原有 OD 基础上进行扩大和修正，整合成为基年 OD 表，具体如表 4-7 和表 4-8 所示。

表 4-7　　　　　　　　　　OD 分区表

小区域编号	小区域名称	小区域范围
1	秭归县城	秭归县城及其东部地区
2	秭归西南	郭家坝、沙溪镇等地
3	秭归西北	水田坝、归州、泄滩等
4	秭归东北	屈原镇
5	宜昌江南	宜昌市区长江江南一带
6	恩施	宜昌西南、恩施及以西地区
7	巴东	巴东及以西地区
8	神农架	兴山、神农架及以北地区
9	宜昌	宜昌市区及以东

表 4-8　　　　　　　　　　基年汽车 OD 表（pcu/d）

OD	1	2	3	4	5	6	7	8	9	P
1	0	0	319	62	0	0	0	343	0	725
2	0	0	48	0	0	0	0	9	0	57
3	402	40	0	0	39	32	6	0	35	554
4	39	0	0	0	2	3	0	0	3	47
5	0	0	27	1	0	0	0	1184	0	1212
6	0	0	28	6	0	0	0	946	260	1239
7	0	0	5	0	0	0	0	0	200	204
8	335	7	0	0	980	828	0	0	1721	3870
9	0	0	31	1	0	225	220	1509	0	1987
A	775	47	457	71	1021	1089	225	3992	2218	9895

2)交通生成预测

交通生成预测,首先要建立交通出行量与小区域内土地利用、社会经济等特征变量之间的定量关系,在社会经济预测的基础上,预测出未来年各交通小区域的增量。弹性系数法能考虑经济与交通需求的关系,把握交通发展趋势。采用弹性系数法和专家预测相结合的方法,研究项目影响区域内交通运输与经济发展之间的相关性,即交通运输与经济发展的弹性系数,预测项目影响区交通需求的增长率,进一步预测交通生成量。

结合我国及项目影响区客货车拥有量、路网观测交通量的变化情况、经济发展前景等因素综合考虑,在确定弹性系数时还应根据各地区产业布局、结构及规划,充分考虑项目影响区旅游资源、矿产资源的开发对交通产生的影响,综合确定本项目影响区内未来公路客车、货车交通量对应经济指标的弹性系数。本项目客车、货车交通量弹性系数预测结果见表4-9~表4-13。

表4-9　　　　　　地区生产总值增长率评估预测表

地区	2014—2015年	2016—2020年	2021—2025年	2026—2030年	2031—2035年	2036—2043年
秭归	11.20%	10.20%	9.00%	8.20%	6.60%	5.50%
宜昌	11.00%	10.00%	8.90%	8.10%	6.90%	5.70%
湖北	10.50%	9.50%	8.40%	7.80%	6.50%	5.40%

表4-10　　　　　　项目影响区客车弹性系数表

地区	2014—2015年	2016—2020年	2021—2025年	2026—2030年	2031—2035年	2036—2043年
秭归	0.96	0.94	0.92	0.9	0.87	0.82
宜昌	0.97	0.93	0.9	0.88	0.86	0.8
湖北	0.95	0.9	0.87	0.85	0.82	0.75

表4-11　　　　　　　项目影响区货车弹性系数表

地区	2014—2015年	2016—2020年	2021—2025年	2026—2030年	2031—2035年	2036—2043年
秭归	1.03	0.98	0.95	0.92	0.84	0.78
宜昌	0.98	0.95	0.93	0.9	0.82	0.73
湖北	0.85	0.82	0.8	0.78	0.73	0.65

表4-12　　　　　　　各经济小区客车交通量增长速度

地区	2014—2015年	2016—2020年	2021—2025年	2026—2030年	2031—2035年	2036—2043年
秭归	10.75%	9.59%	8.28%	7.38%	5.74%	4.51%
宜昌	10.67%	9.30%	8.01%	7.13%	5.93%	4.56%
湖北	9.98%	8.55%	7.31%	6.63%	5.33%	4.05%

表4-13　　　　　　　各经济小区货车交通量增长速度

地区	2014—2015年	2016—2020年	2021—2025年	2026—2030年	2031—2035年	2036—2043年
秭归	11.54%	10.00%	8.55%	7.54%	5.54%	4.29%
宜昌	10.78%	9.50%	8.28%	7.29%	5.66%	4.16%
湖北	8.93%	7.79%	6.72%	6.08%	4.75%	3.51%

3) 交通生成分布

出行分布是指交通分区之间的出行交换。分布预测即对各交通区之间及各交通区内部的出行量进行预测。出行分布模型有增长系数模型、重力模型和机会模型等。按下式计算出未来特征年各交通小区客货车发生、吸引交通量：

$$D_i = D_{i0}(1+R_i)^n \tag{4-1}$$

式中，D_i 和 D_{i0} 分别为未来年 i 区发生吸引交通量和基年 i 区发生吸引交通量（pcu/d）；R_i 和 n 分别为未来年 i 区发生（吸引）交通量平均增长率和预测与基年年份差。

(1) 趋势交通量预测。秭归长江公路大桥趋势交通量分布预测采用 T. J. 弗雷特法（Frator Method）进行计算，并作收敛判定。弗雷特法认为两交通分区之间未来的交通量增长特性和大区域内各相关交通分区的交通增长特性有关，它在通过交通生成预测得到未来各特征年客货车发生（吸引）交通量的基础上，结合预测得到的经济小区域的客货车交通量增长速度，进而计算出未来各特征年的 OD 分布量。模型如下：

$$Q'_{ij} = Q_{ij} \times F_i \times G_j \times \frac{(L_i + L_j)}{2} \tag{4-2}$$

$$L_i = \frac{P_{oi}}{\sum_{j=1}^{n} Q_{ij} \times G_j}, \quad L_j = \frac{A_{oj}}{\sum_{j=1}^{n} Q_{ij} \times F_i}$$

式中，Q_{ij}、Q'_{ij} 分别为现状 i 到 j 区交通量和未来 i 到 j 区交通量（辆/日）；F_i、G_j 分别为发生交通量发展倍数和吸引交通量发展倍；P_{oi}、A_{oj} 分别为小区 i 的现状发生交通量和小区 j 的现状吸引交通量（辆/日）。

(2) 诱增交通量预测。诱增交通量预测考虑的主要因素是出行阻抗，计算一般以出行时间作为衡量标准。采用重力模型进行诱增交通量预测，模型计算公式如下：

$$Q_{ij} = k \frac{G_i^{\alpha} \cdot A_j^{\beta}}{D_{ij}^{\gamma}} \tag{4-3}$$

式中，G_i、A_j 分别为小区 i 的发生交通量和小区 j 的吸引交通量（pcu/d）；D_{ij} 为 i 与 j 之间的出行阻抗；α、β、γ、k 均为模型系数。

式(4-3)中模型系数在其他条件已知的情况下，便可利用最小二乘法求得。具体做法是，对上式两边求对数，则 $\lg Q_{ij} = \lg k + \alpha \lg G_i + \beta \lg A_j -$

$\gamma \lg D_{ij}$，然后根据基年出行矩阵和现状路网的时间出行矩阵，确定分车型的重车模型参数 γ。

利用重力模型，按照"有无比较法"的原则，计算诱增交通量，具体公式如下：

$$Q_{ij}'^{k} = ((D_{ij}/D_{ij}')\gamma_k - 1) \times Q_{ij}^{k} \qquad (4-4)$$

式中，$Q_{ij}'^{k}$、Q_{ij}^{k} 分别为 i 区至 j 区第 k 种车型的诱增交通量和趋势交通量（pcu/d）；D_{ij}'、D_{ij} 分别为有此项目时和无此项目时，i 区至 j 区的运行时间；γ_k 为第 k 种车型的重力模型参数。

将未来路网有此项目和无此项目的交通小区域间运行时间代入公式，即可计算得到未来各特征年的诱增型 OD 分布表，详见表 4-14～表 4-17。

表 4-14　　**2025 年趋势型汽车 OD 表（pcu/d）**

OD	1	2	3	4	5	6	7	8	9	P
1	0	0	848	166	0	0	0	845	0	1858
2	0	0	127	0	0	0	0	22	0	148
3	1068	106	0	0	102	82	15	0	88	1460
4	103	0	0	0	6	9	0	0	7	124
5	0	0	69	3	0	0	0	2864	0	2936
6	0	0	70	15	0	0	0	2233	620	2938
7	0	0	12	0	0	0	0	0	475	487
8	823	18	0	0	2369	1954	0	0	3962	9126
9	0	0	78	4	0	538	523	3475	0	4617
A	1993	124	1203	187	2477	2583	537	9439	5152	23 695

表 4-15　　　2030 年趋势型汽车 OD 表（pcu/d）

OD	1	2	3	4	5	6	7	8	9	P
1	0	0	1215	238	0	0	0	1180	0	2633
2	0	0	182	0	0	0	0	30	0	212
3	1530	151	0	0	146	116	21	0	124	2087
4	147	0	0	0	9	12	0	0	10	178
5	0	0	99	4	0	0	0	3977	0	4080
6	0	0	99	21	0	0	0	3076	858	4053
7	0	0	16	0	0	0	0	0	656	673
8	1150	25	0	0	3289	2691	0	0	5414	12 569
9	0	0	109	5	0	744	722	4748	0	6329
A	2827	177	1719	268	3444	3564	743	13 012	7061	32 813

表 4-16　　　2038 年趋势型汽车 OD 表（pcu/d）

OD	1	2	3	4	5	6	7	8	9	P
1	0	0	1819	356	0	0	0	1758	0	3933
2	0	0	272	0	0	0	0	45	0	317
3	2291	227	0	0	219	175	31	0	185	3128
4	220	0	0	0	13	19	0	0	15	267
5	0	0	148	6	0	0	0	5942	0	6096
6	0	0	150	31	0	0	0	4637	1300	6119
7	0	0	25	0	0	0	0	0	994	1019
8	1713	38	0	0	4914	4058	0	0	8068	18 790
9	0	0	163	7	0	1129	1093	7077	0	9469
A	4224	264	2577	401	5146	5381	1125	19 459	10 562	49 138

表 4-17　　　　2043 年趋势型汽车 OD 表（pcu/d）

OD	1	2	3	4	5	6	7	8	9	P
1	0	0	2393	468	0	0	0	2215	0	5076
2	0	0	358	0	0	0	0	57	0	414
3	3015	298	0	0	289	223	40	0	234	4098
4	290	0	0	0	17	24	0	0	19	349
5	0	0	196	9	0	0	0	7514	0	7718
6	0	0	191	40	0	0	0	5630	1583	7443
7	0	0	32	0	0	0	0	0	1209	1241
8	2158	47	0	0	6215	4926	0	0	9739	23 086
9	0	0	206	9	0	1374	1330	8543	0	11 463
A	5462	345	3375	526	6521	6547	1370	23 959	12 784	60 889

4）交通分配

平衡分配法在网络达到平衡时，所有被利用的路线均相等而且最节约路径费用，未被利用的路线与其具有相等或更多的路径费用。

4. 旅游交通量评估

1）旅游交通量生成

游客是交通量的主体，游客数量规模直接决定了旅游交通量的规模，因此，本项目游客数量规模是旅游交通量预测的基础。旅游交通量规模受各景区旅游客源市场潜力和景区游客容量限制。

（1）旅游客源市场潜力。秭归长江公路大桥项目似彩虹卧波、昭君抚琴，自身就是一景，更置身于武当山-太极湖旅游区、神农架旅游区、三峡大坝-平湖半岛旅游区、清江画廊旅游区以及恩施腾龙洞-大峡谷旅游区等大背景下，在全国旅游市场快速增长的今天，依托旅游集聚效应，潜力深厚。项目影响区各市州近几年年游客数量见表 4-18。

表 4-18　建设前期项目影响区各市州历年游客数量(万人)

区域	2011 年	2012 年	2013 年	2014 年
十堰	1477	1864	2333	2910
襄阳	1401	1809	2349	2829
神农架	218.1	306.0	417.3	520.3
宜昌	1542	1930	2639	3320
恩施	1062	1658	2198	—

(2)景区的游客容量限制。根据各旅游景区发展规划,对项目影响区主要风景区进行游客容量限制计算,综合比较确定,近期取线路容量法,远期取生态容量法。在满足可持续发展的条件下,预测各景区未来游客容量限制。

2)旅游交通量分布

在秭归长江公路大桥项目中,研究人员对旅游交通量分布预测采用区域旅游系统吸引力模型。假设旅游目的地唯一,且旅游客源地系统、旅游通道系统对旅游的目的地系统吸引力不产生影响,可提出旅游目的地系统吸引力表达式:

$$R = B \times \sum_{j=1}^{n} A_j \times M^{-d_{ij}} \qquad (4\text{-}5)$$

$$B = f(\text{IS}, \text{IP}, \text{IO}) \qquad (4\text{-}6)$$

式中,A_j、B 分别为客源地 j 的潜在旅游者总数和旅游目的地系统综合修正系数;IS 为目的地旅游设施对旅游目的地吸引力的影响指数;IP 为目的地旅游企业形象指数;IO 为目的地政策环境参数;$M^{-d_{ij}}$ 为出行阻抗系数。

综合考虑旅游客源地系统和旅游通道系统对旅游吸引力的影响,在可供选择和旅游目的地数量众多且类型多样的情况下,将 IP 改为系统内旅游企业总体容留指数 β,IO 改为系统内旅游政策环境摩擦系数 E_G,这时 B 变为旅游系数综合修正指数(G),可表示为 $B = f(\text{IS}, \beta, E_G)$。

对于由旅游目的地系统 i 和旅游客源地系统 j 所组成的旅游系统的吸引力可表示为：

$$R_{ij} = G \times E_{T_{ij}} \times \frac{A_j \times \delta_{ij}}{M^{d_{ij}}} \tag{4-7}$$

对于以旅游目的地系统为中心形成的区域旅游系统而言，其吸引力可表示为：

$$R_i = G \times \sum_{j=1}^{i} E_{T_{ij}} \times \frac{A_j \times \delta_{ij}}{M^{d_{ij}}} \tag{4-8}$$

新增旅游交通量的计算主要参考新引力计算模型，计算过程中需考虑利用交通影响因子反映交通改善前后上述地区旅游出行吸引力之间的差别，最终计算地区因交通条件改善后所引发的旅游出行新增交通量规模。其中，预测部分指标根据实地调查以及类似地区旅游规划抽样调查结论确定。

综上所述，在通过类似地区相关数据对以上计算模型进行标定的基础上，结合区域旅游统计资料，计算得到本项目基年旅游新增交通量出行 OD 表。在此基础上，结合各地区旅游规划，考虑新增旅游出行的趋势增长，按照弗雷特法进行未来特征年新增旅游出行 OD 表的计算。秭归长江公路大桥旅游新增交通量基年 OD 表如表 4-19 所示。

表 4-19　　　　旅游新增出行 OD 表（万人次/年）

OD	武当山及以西北	神农架	三峡及以东	清江及以东南	恩施及以西南	P
武当山及以西北	0.00	0.00	24.17	0.18	3.58	27.93
神农架	0.00	0.00	63.19	4.54	6.64	74.37
三峡及以东	16.56	11.01	0.00	0.00	13.43	41.00
清江及以东南	0.36	3.97	0.00	0.00	0.00	4.33
恩施及以西南	2.39	2.03	0.00	0.00	0.00	4.42
A	19.31	17.01	87.36	4.72	23.65	152.04

3) 旅游新增交通量预测结果

本项目旅游新增交通量预测结果见表 4-20。

表 4-20 旅游新增交通量预测结果(pcu/d)

年份	2019 年	2020 年	2025 年	2030 年	2038 年	2043 年
交通量	242	383	1350	2526	2887	3043

5. 交通量预测结果

根据相关规划,本项目远景年交通量预测基于以下假设条件:

(1)远期峡堡线全线升级为双向四车道一级公路;

(2)相关路网规划按期实施。

将趋势诱增交通以及旅游交通在特征年路网中进行分配,得到本项目各特征年的交通量预测结果,如表 4-21 和表 4-22 所示。

表 4-21 评估交通量预测结果(pcu/d)

特征年	2025 年	2030 年	2038 年	2043 年
趋势交通量	7796	11 128	17 166	20 439
诱增交通量	1403	2226	1888	1226
旅游交通量	1350	2526	2887	3043
交通量预测结果	10 549	15 880	21 941	24 709

表 4-22 评估各车型交通量预测结果(折算数)

车型	2025 年	2030 年	2038 年	2043 年
小货	9.58%	9.66%	9.59%	9.53%
中货	9.14%	8.20%	6.57%	6.50%

续表

车型	2025 年	2030 年	2038 年	2043 年
大货	17.58%	18.40%	19.37%	19.55%
特大	16.98%	17.16%	16.97%	16.83%
小客	39.07%	39.62%	40.97%	41.27%
大客	7.64%	6.98%	6.53%	6.32%
合计	100.0%	100.0%	100.0%	100.0%

4.2.4 秭归长江公路大桥 PPP 项目建设方案

秭归长江公路大桥项目由 5 桥 1 隧组成，在秭归县境内跨越长江和香溪河。工程概况如第一章 1.5 节所述，其建设方案如下。

1. 跨长江大桥建设方案

跨长江大桥桥跨布置为：2×35m 预应力混凝土先简支后连续 T 梁+531.2m 中承式钢箱桁架拱+4×30m 预应力混凝土先简支后连续 T 梁+5×30m 预应力混凝土先简支后连续 T 梁，全长 883.2m。主桥采用全推力中承式无铰拱，拱肋为空间变截面桁架形式结构，主桁下弦杆中心线净跨径为 508m，下弦中心矢高为 127.0m，矢跨比为 1/4，拱轴系数 m = 2.0。桁架拱采用双片主桁，上、下游两榀主桁平行布置，主桁的横向中心距为 25.3m。主桁采用易于控制腹杆稳定的柏式桁架，拱顶截面径向高度 12m，拱脚截面径向高度 14m。主桁采用变节间布置，桥面以上主桁节间长度为 12.0m，吊索间距为 12.0m，桥面以下主桁节间长度为 11.8m，拱上立柱间距为 11.8m。桥面梁全宽 27.3m（不含两侧各 2.5m 宽人行道），桥面梁纵向布置为：15m+7×11.8m+28×12m+7×11.8m+15m，主跨桥面处于 R = 25 000m 的竖直曲线上，拱跨结构对称布置。建设方案如图 4-7 所示。

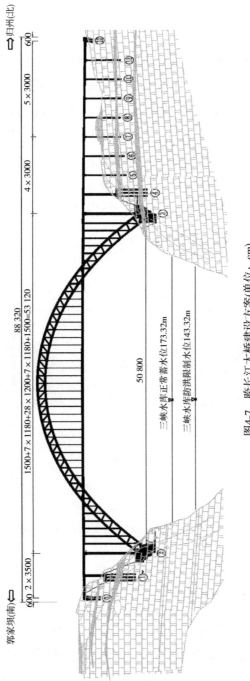

图4-7 跨长江大桥建设方案(单位：cm)

2. 跨香溪河大桥建设方案

香溪河大桥桥跨布置为：20m（混凝土箱梁）+（48+48+78）m+470m+（48+48+78）m（组合混合梁双塔双索面斜拉桥）+（3×35+6×20）m（预应力混凝土连续T梁），桥长1079.5m。主桥桥面纵坡采用2.0%。

主桥采用主跨470m双塔组合混合梁斜拉桥方案，空间双索面，设置2个辅助墩和1个交界墩，边、中跨之比为0.37。索塔横桥向为倒Y型索塔，全桥采用17对斜拉索，钢主梁标准索距13.5m，混凝土主梁标准索距8m，东塔、西塔基础均采用圆形承台，桩基采用直径3.0m钻孔灌注桩。建设方案如图4-8所示。

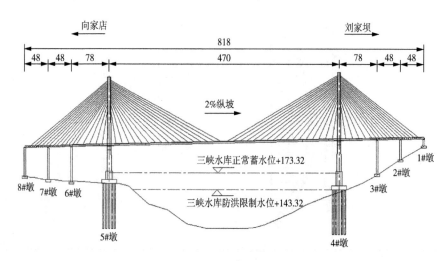

图4-8 跨香溪河大桥建设方案（单位：m）

3. 吴家沟隧道建设方案

隧道等级为一级公路，双向四车道分离式隧道，左幅长960m，右幅长865m；设计速度为60km/h；隧道主洞建筑限界为净宽9.75m（0.75m+0.5m+2×3.5m行车道+0.75m+0.75m），净高5.0m；最大埋深186m，洞门类型为端墙式洞门。

4. 一般桥梁工程建设方案

秭归长江公路大桥工程除上述长江大桥、香溪河大桥及隧道外，还包括项目起点AK0+180大桥，桥长160.1m，桥梁方案布置为两联4×20m+3×20m钢筋混凝土连续梁桥；跨越长江大桥与香溪河大桥之间的灵观台高架连接桥梁，桥梁全长1325.5m，灵观台大桥方案布置为十二联3×30m+3×30m+3×30m+4×30m+3×30m+4×30m+4×30m+4×30m+4×30m+4×30m+3×30m+5×30m预应力钢筋混凝土连续梁桥；项目终点三岔沟大桥，桥长216.1m，桥梁方案布置为三联3×20m+3×20m+2×32m+20m钢筋混凝土连续梁桥；穿插其间的零星路基共计1797.5m和1座长64.6m圆管涵；另外，还包括安全设施、绿化及环境保护工程等。

4.2.5 秭归长江公路大桥PPP项目投资分析

根据《交通运输部关于秭归长江公路大桥初步设计的批复》(交函公路〔2014〕188号)概算总金额为209 857.1869万元，平均每千米造价为37 361万元。

根据国家有关投资政策的要求，项目投资资金考虑由自有资金、国内银行贷款两部分组成。为保证项目拥有债务清偿能力，项目资本金共计10亿元，自有资金所占比例为项目总投资额的48%，资本金以外的融资贷款为10.99亿元。贷款利率按当前长期贷款利率6.55%计算。

1. 投资效益分析前提条件

本研究分别按照运营期20年和25年进行效益评估。评估方案基于按建安费的5%，考虑投资价差收益进行项目效益测算。项目投资价差收益指由于项目投资而获得的超过同类工程施工合同市场中标价的收益。

(1) 根据国家有关投资政策的要求，对秭归长江公路大桥项目投资价值的分析，是基于一个独立的项目进行投资测算的。

(2) 项目所在的地区及我国的社会经济环境不产生大的变更，所在的行业保持自然稳定的发展态势，所遵循的国家现行法律、法规、制度及社会政治和经济政策无重大变化。

(3) 项目的投资、建设、经营者是负责的，且企业管理层有能力承担职责。

(4) 根据国家有关税收政策的要求，项目投资价差收益扣缴25%的企业所得税。

(5) 项目公司由秭归县人民政府与合作人依据我国法律规定和投资意向协议约定设立。项目建成后，由项目公司营运和收费。项目公司通行费收入按照《收费公路管理条例》的要求及时上交国库，秭归县人民政府承诺上缴国库的资金按照即收即返的原则及时返还项目公司。

(6) 项目在维持现有建设标准的情况下运营，考虑相应的技术进步和更新，在经营期内投入足够的维护费、固定资产改良（大中修）及营运经费，用于维持高速公路设计通行能力，保持畅通无阻。期间不发生扩建或增加重大基础设施等额外投资行为，且不考虑通货膨胀因素。

(7) 本研究假定大修能够在较短的时间内完成，暂按一年计算，故大修对收费的影响期假定为一个年度，且大修当年收费在当年预测的基础上降低10%，大修完成后，由于路况好转，交通量恢复，次年收费将恢复性增长。

(8) 财务模型按照最大还款法，即没有还完贷款前，所有利润用来偿还贷款。

(9) 无其他人力不可抗拒因素及不可预见因素，造成对企业产生的重大不利影响。

2. 建设期及运营期费用

1) 建设期费用

本项目工期为4年,资本金投入比例约占总投资的42.88%,投资概算总金额为209 857.1869万元,平均每千米造价为37 361万元,如表4-23所示。大桥建设费用及资金逐年到位情况如表4-24所示。

表4-23　　　　　　　　　**工程总造价表**

费用名称	金额(万元)
第一部分　建筑安装工程费	163 481
第二部分　设备工具器具购置费	2877
第三部分　其他基本建设费用	33 319
第一、二、三部分费用合计	199 677
预留费用:预备费	10 180
投资估算总金额	209 857

表4-24　　　　　**大桥建设费用及资金逐年到位情况(万元)**

序号	项目	合计	建设期			
			2016年	2017年	2018年	2019年
		100%	23%	43%	23%	11%
1	资本金	100 000	23 000	43 000	23 000	11 000
2	合作人出资	10 000	3000	3000	3000	1000
3	政府资本金到位	90 000	20 000	40 000	20 000	10 000
4	银行贷款	95 052	21 831	40 830	21 881	10 510
5	建设期利息	14 805	732	2811	4963	6299
6	总投资	209 857	45 563	86 641	49 844	27 809

2)运营期费用

a. 日常养护费用：年日常养护成本按每千米35万元计列，考虑相对价格的增长，其后期指标按照年均3%的速度递增。

b. 运营管理费用：年运营管理费用按150万元/年计列，考虑相对价格的增长，其后期指标按照年均3%的速度递增。

c. 隧道运营费：隧道运营机电费用主要考虑隧道管理所、通风、照明、监控等所需费用，年短隧道运营费用为0.02万元/延米，中隧道运营费用为0.04万元/延米，长隧道运营费用为0.08万元/延米，特长隧道运营费用为0.12万元/延米。该项费用考虑每年以3%的速度增长。

d. 大中修工程费用：大中修工程主要是为恢复或改进原设计功能而进行的，是指高速公路及其附属设施已达到其服务年限或者由于各种因素受损严重，必须进行应急性、预防性、周期性的综合修理，使之全面恢复原设计状态或根据高速公路发展的要求进行的局部改善工程。其中包括重建、增建防护工程、整段路面改善或修复、大中桥梁改善、沿线设施整段更换等。

本项目按"5年一次中修，10年一次大修"制定大中修计划；第三次中修仅进行罩面工程等以恢复基本路况。本项目大中修计划及投资情况预测见表4-25。

表4-25　　　　本项目大中修计划及投资情况预测表

运营期	单价(万元/km)
2024年中修	150
2029年大修	500
2034年中修	200
2039年大修	600
2044年中修	250

3) 税费

《收费公路管理条例》第三十六条规定，政府还贷公路的车辆通行费，除必要的管理、养护费用从财政部门批准的车辆通行费预算中列支外，其余必须全部用于偿还贷款和有偿集资款，不得挪作他用。政府还贷项目运营期间不计提营业税、所得税等相关税费及附加。因此，本项目的投资效益评估不考虑相关税费。

3. 营业收入

秭归长江公路大桥项目的营业收入包含车辆通行费收入、附属设施（如服务区、广告牌等）营业收入。根据本项目特点，附属设施营业收入占总营业收入的比例很小，分析中只计通行费收入，忽略其他收入。

(1) 收费标准：参见湖北省高速公路现行收费标准。

(2) 拟定的收费方式及收费标准：秭归县人民政府拟定秭归长江公路大桥收费标准，暂按一类小客车 15 元/车次，为加强营运期的收费管理，秭归县人民政府同意项目公司在香溪河桥头另外增加一个收费站并收费，收费标准按照一类小客车香溪河大桥 5 元/车次的标准计算。若收费标准低于 20 元/标准车次而导致项目公司亏损，秭归县人民政府将以财政资金弥补由此导致的亏损差额。

湖北省高速公路及长江大桥现行收费标准针对客车、货车采用不同的方式，客车收费标准按车型划分，货车则采用计重收费方式。由于货车实载、超载等数据难以直接预测，且本次评估缺乏相关统计资料，所以评估仍按货车车型收费标准计算货车收费收入。

参考宜昌大桥、鄂东长江公路大桥等长江大桥各车型收费系数，本项目收费标准具体如表 4-26 所示（不含农村路网建设代收费 9.09%）。项目评价计算期内收费标准不作调整。

表 4-26　本项目收费标准(扣除农村路网建设代收费 9.09%)

收费类别		说明		大桥收费(元/车次)
一	小客货	1	≤5 座	车重	18
二		2	6~17 座(含)	≤2t	30
三	中客货		18~30 座(含)	2~5t(含)	48
四	大客货		31~50 座(含)	5~10t(含)	61
五	特客货		≥51 座	10~15t(含)	73
六	特货			15~20t(含)	85
七	特大型货车			>20t	每增加 1t 在特货基础上增加 1 元/车次

(3) 有效收费收入。由于存在一些免费车辆，实际收费交通量略小于通行量。根据调查资料，结合本次项目组实地勘察结果，现省道 S255 以及由香溪河汽渡过江的机动车中，军警用车等特殊车辆占机动车交通量的比例约为 14%，因此本项目有效通车率为预测交通量的 86%，同时考虑节假日一类小客车免费，计费天数折减 20 天。

项目经营期内各年收费收入的计算公式如下：

$$每年收费收入 = \sum 当年各车型年均日交通量 \times 各车型收费标准 \times 365(一类客车按 345 天计) \times K \quad (4-9)$$

式中，K 为车辆收费率，$K=86\%$。

4. 财务分析

本项目由项目公司对项目的筹划、资金筹措、建设实施、运营管理、养护维修、债务偿还和资产管理实行全过程负责，自主经营，自负盈亏，并在投资协议规定的经营期满后，将该项目及其全部设施按照约定移交给政府指定的机构。

(1) 项目财务盈利能力分析，包括以下两项内容。

a. 项目财务基准收益率：进行项目财务盈利能力分析时，设定基准收益率为8%。

b. 项目财务盈利能力分析：项目财务盈利能力分析，排除了融资方案影响，分析融资前投资获利能力，并以此作为初步投资决策与融资方案研究的基础。所采用的项目分析指标为项目动态投资回收期、项目财务内部收益率、项目财务净现值。

(2) 融资方案设计。本项目资本金10亿元，约占总投资额的48%，其中合作人出资1亿元，政府出资9亿元，其余建设资金由项目公司通过银行贷款方式筹集，贷款利率按6.55%计算。另外，政府在运营期补贴1亿元，资金在运营期前5年每年到位2000万元。

项目建成后，由项目公司营运收费。收费所得（总收入减去营运成本）首先偿还银行贷款及其财务费用，然后是合作人出资的1亿元资金及其财务费用、运营期亏损及其财务费用（如有），最后偿还秭归县政府出资的1亿元运营期财政补贴及其财务费用。最终如有利润，全部归属合作人所有。

以上财务费用，均按照5年以上期贷款基准利率6.55%单利计算。

在营运期收入不足以支付全部付现成本时，考虑短期贷款。中国人民银行发布的现行一年期贷款利率为6%，考虑上浮10%后为6.6%，与现行5年以上利率6.55%相近。为便于进行财务评价，短期贷款利率采用6.55%。

(3) 资本金财务分析，包括以下两项内容。

a. 资本金财务内部收益率基准值：设定基准收益率为10%。

b. 资本金盈利能力分析：确定其现金流入和现金流出，并以此作为投资者投资决策的参考依据，所采用的资本金盈利能力分析指标为资本金财务内部收益率。

(4) 项目投资财务分析结果。本项目投资财务分析，分别考察的是项目公司融资前财务效益分析以及项目公司资本金投资效益分析。计算结果表明25年运营期下项目公司融资前内部收益率和资本金财务内部收益率均高于设定的基准值。在运营期 20 年情况下，项目公司资本金财务内部收益能够满足基准收益率要求。投资财务能力分析结果见表 4-27。

表 4-27　　　　　　　　投资财务能力分析结果表

方案	资本金财务内部收益率 FIRR（所得税后）	财务内部收益率 FIRR（所得税前）	财务净现值 FNPV（所得税前）（折现率8%）（万元）	项目动态投资回收期 Pt（含建设期）（所得税后）（折现率8%）
25 年运营期	11.44%	8.20%	2115	28 年
20 年运营期	10.68%	6.80%	−10 131	>24 年

a. 25 年运营期情况下项目公司财务盈利能力表明：项目财务内部收益率为 8.20%，高于所规定的基准值 8% 的要求；项目财务净现值为 2115 万元，大于零；项目动态投资回收期 28 年。

20 年运营期情况下项目公司财务盈利能力表明：项目财务内部收益率为 6.80%，低于所规定的基准值 8% 的要求；项目财务净现值为 −10 131 万元，小于零；在运营期 20 年末项目不能收回投资。

b. 25 年运营期情况下项目公司资本金盈利能力表明：项目公司资本金财务内部收益率（所得税后）高于所设定的基准值 10%；此外，本项目可以在运营期第 22 年偿还合作人和秭归县政府各 1 亿元资本金及财务成本共计 48 165 万元。

20 年运营期情况下项目公司资本金盈利能力表明：项目公司资本金财务内部收益率（所得税后）高于所设定的基准值 10%；本项目仅可以在运营期第 20 年收回合作人 1 亿元资本金及财务成本共计 14 635 万元，当年剩余合作人财务成本 8465 万元未能收回。秭归县人民政府的

1亿元资本金及财务成本全部不能收回。

（5）偿债能力分析。结果表明：项目的借款偿还期为22.93年(含建设期)。

第 5 章　秭归长江公路大桥 PPP 项目风险评估决策

5.1　PPP 项目的风险管理

"风险"源于远古出海的渔民害怕"风"可能带来的"险",于是便有了祷告与预测,祈求风平浪静、满载而归。随着社会的进步与科学的发展,人们认知了风与险,对待风险不再是祈祷,而是科学地分析与预测。

长期以来,人们对风险的狭义理解都是指向不利的一面,定义为不确定的时间所造成损失的不确定性。值得肯定的是,所有定义的风险都强调了事物发展发生的不确定性。然而,事物总是一分为二的,风险亦是如此,有坏就有好,有损失亦会有收益。风险的正面因素表现为从不确定性中获得的利益。这便也是人们常说的"风险越大收益越高",体现了风险的正面影响。本章研究的 PPP 风险管理,具有典型的正反两面性。但是,在 PPP 项目的研究中,仍旧以风险可能导致的不确定性损失为主线,解决了风险的负面因素,其正面影响自然就显现出来了。

PPP 风险管理是指对项目风险,从识别到应对这一系列的管控过程。PPP 的风险作为项目建设的必伴事件,贯穿项目建设的全寿命周期,成为项目建设的主线之一。公共基础设施 PPP 项目相关利益者多、历时长、涉及面广、不可控因素多、风险点众多,风险成为 PPP 项目能否成功的关键因素。风险连着成本与收益，是PPP项目合同条款的主要内容，在特许权协议及合同设计中应当权责对应，把风险分配给相对最有利承担的合作方。参建各方通过PPP风险管理，将积极因素对项目风险管理流程产生的影响最大化，并使消极因素产生的影响最小化。

5.1.1 PPP项目的风险致因机理分析

PPP项目的风险来源于与项目有关的一切方面，没有项目便没有风险，有项目便存在风险。与项目有关的风险因素主要来源于法律法规政策、市场供需、资源开发利用、技术可靠程度、方案组织管理、社会环境以及外部配套条件等某一方面或多方面。因此，PPP项目风险的起因可归纳为以下几个方面。

(1) 建设市场的风险。建设市场风险表现在建筑市场供需关系对PPP项目的影响。买方市场与卖方市场不同，市场影响供需，影响价格，这些都将影响PPP项目预期收入。建筑市场紧俏，事情则向有利的一面发展，否则会带来不利影响。例如，项目唯一性、市场需求变化、招标竞争不充分、社会资本投资主体变动、运营成本超支及项目测算不当等。

(2) 建设期的风险。建设期风险表现为PPP项目建设期长、投资额大、建设环境复杂、影响因素多。建设期风险是PPP项目在建设阶段存在的技术施工、管理和原材料供应等风险因素的总称。存在着项目审批延误风险、土地获取风险、技术风险、环保风险、气候风险、地质风险、供应风险、工程变更风险、费用支付风险、交竣工风险、配套基础设施风险等。这些建设风险直接影响项目质量的好坏，关系着施工的安全，关系着是否能够按照预定的计划正常交付使用，关系着建设成本是否超支等。

(3) 建设管理风险。建筑管理风险表现为PPP项目参建各方的资质水平、同类项目的经验、企业文化、队伍素质和单位的整体实力等风险因素。打铁还需自身硬，PPP项目参与各方，管理水平方面的经验和能力将直接影响PPP项目建设的好坏与成败。因此，建设管理风险来源于项目公司的管理水平与能力，来源于施工单位的技术水平与施工能力，来源于监理单位的整体素质，也包括PPP项目的组织协调风险、项目移交风险、经营者能力的风险和财务监管的风险等。

（4）金融风险。金融风险是指在PPP项目的建设生产经营过程中，由于利率或汇率等金融环境变动直接或间接地造成项目价值降低或收益受到损失的风险。例如，利率风险、通货膨胀风险、汇率风险、税收调整、融资风险、物价的大起大落风险等。

（5）财政风险。财政风险的来源，一是直接债务，如为项目启动提供直接融资；二是或有债务，如对项目需求低于预期或汇率变动等情况提供担保；三是隐性担保导致资金需求超计划，如在项目失败的情况下政府有义务介入或接手并提供服务。质量不高的PPP项目会增加政府财政负担，主要表现为以下几种情况：①政府过度承担项目风险，如签订固定收益率合同、接受不恰当的无条件支付安排或者为项目提供担保；②在公共服务的使用费达不到PPP合同规定水平的情况下，政府被要求弥补收入缺口；③因不能有效识别和分配财政风险导致政府责任；④项目信息披露不充分，导致政府与运营方的信息不对称；⑤未安排项目的长期预算；⑥财政和风险监管不到位；⑦受PPP项目前期收益较低的影响，政府过度投资。

（6）法律及合同风险。法律及合同风险是指在PPP项目合同的签约有失公平，存在疏忽、遗漏，以及法律体系不完善、法律变更、第三方违约等风险。

（7）政治风险。政治风险是指在PPP项目的全过程可能出现的国家风险和国家政治经济稳定性风险等。例如，政府信用、政府干预、政府官员腐败、征用、公有化、政府决策延误和失误、公众反对等，都属于政治和政策方面的风险，政治风险存在于项目全过程。

（8）其他风险。其他风险是指除以上因素以外的其他风险，如不可抗力风险等。

各类风险的分类与释义，风险源与后果分析及其影响，责任人划定如表 5-1 所示。

表 5-1　　　　　　　　PPP 项目风险分类来源与影响

序号	风险类别	风险释义	风险来源	风险后果	责任/影响人
1	建设市场风险	建设市场方面的风险			
1.1	项目唯一性	政府或其他投资人的其他相似项目，导致对该项目形成实质性的商业竞争	附近区域新建相似竞争项目	市场竞争激烈，导致项目收入减少	政府/投资方
1.2	市场需求变化	经济社会环境、人口变化、法律法规调整等因素导致的市场需求变化	客观市场环境的变化，导致项目需求的变化	项目收入减少或增加	无/双方
1.3	招标竞争不充分	招投标程序不公正、不公平、不透明，招标项目信息不充分或不够真实，缺少足够的竞标者，市场主体恶性竞争而故意压低价格竞标等风险	招标程序不透明、不公正，缺少足够的竞标者，竞争者恶意围标，或者故意压低价格	中标价格不合理、项目收费不合理或者投资者能力不足	政府
1.4	社会资本投资主体变动	各项目股东之间发生冲突或其他原因导致投资者发生变动，如中途退出等，而影响项目的正常运营	各股东参与项目的目的不同或协调出问题，或部分股东经济状况恶化等	项目资本结构变动，严重时可能导致项目中止	投资方
1.5	运营成本超支	因各种因素发生，导致运营管理成本增加，超出预计值	政府提高服务标准、运营商运营能力低下或其他市场环境因素	运营成本增加	双方/投资方

续表

序号	风险类别	风险释义	风险来源	风险后果	责任/影响人
1.6	项目测算不当	特许期服务价格的设置与调整政府补贴等项目参数的测算过于主观，使得项目没有达到理想的效果	对项目参数的测算过于主观和乐观，使测算结果偏离现实	项目收入不如预期，可能导致项目公司现金流断裂	双方/投资方
2	建设期风险	项目工程建设方面的风险			
2.1	项目审批延误	项目需经过复杂的审批程序，花费时间长且成本高，批准之后，对项目的性质和规模进行必要调整则非常困难	政府审批流程设计复杂，需要交涉部门过多，办事人员效率低下	开工时间延误，或者后期无法进行必要的调整	政府/投资方
2.2	土地获取风险	土地所有权获得困难、土地取得成本和时间超期，使得项目成本增加或项目延期	城市规划或者群众利益等原因导致的土地性质冲突、拆迁困难等	前期成本增加或者开工时间延误	政府/投资方
2.3	技术风险	指所采用技术不成熟，难以满足预定的标准和要求，或者适用性差，迫使私营机构追加投资进行技术改进	社会资本采用的技术不合理、不成熟	技术成本增加，发生在施工阶段将导致工期延误，发生在运营阶段将导致运营中断，收入减少	投资方
2.4	环保风险	政府等的环保要求的提高，导致项目的成本增加、工期延误或其他损失	环保要求提高，或项目违反环保政策	设计变更，导致成本增加或者工期延误	双方/投资方
2.5	地质、气候风险	恶劣自然条件，如气候条件、特殊的地理环境和恶劣的现场条件等	项目所在地气候变化、自然条件差	工期延误或者施工成本增加	无/投资方

续表

序号	风险类别	风险释义	风险来源	风险后果	责任/影响人
2.6	交竣工风险	表现为工期拖延、成本超支、项目投产后达不到设计时预定的目标，从而导致现金流不足、不能按时偿还债务等	施工方效率低下等主观原因或者其他外部环境产生的客观原因	运营与现金流回收延误，现金流压力剧增，出现现金流断裂等严重情况	施工方/投资方
2.7	供应风险	指原材料、资源、机具设备或能源的供应不及时，给项目带来损失	供应商供应不及时或者物品质量不过关	工期延误	供应商/投资方
2.8	工程变更	前期设计的可建造性差、设计错误或含糊规范标准变化、合同变更、业主变更等原因引发的工程/运营变更	设计水平低，业主管控差，或者设计方对现有设计进行修正补充	工期延误、成本增加	投资方
2.9	费用支付风险	基础设施项目的经营状况或服务提供过程中受其他因素影响，导致用户（或政府）费用不能按期按量支付	政府或终端用户拒绝支付费用	运营收入拖欠或者无法回收，导致项目现金流压力增大	政府/投资方
2.10	配套设施风险	指项目相关的基础设施不到位引起的风险	项目的配套基础设施不到位	工期与运营延误、费用增加，项目不配套	政府/投资方
3	建设管理风险	项目参与方管理水平方面的风险			
3.1	组织协调风险	业主组织协调能力差，增加参与方沟通成本、互相矛盾冲突产生等变故	投资者经验不足或者组织协调能力不足	沟通成本增加，项目争端产生	投资方

续表

序号	风险类别	风险释义	风险来源	风险后果	责任/影响人
3.2	项目移交风险	经营者过度使用设施等资源,造成特许期期满移交时项目设备材料折旧严重或所剩不多,影响项目继续运营	项目运营阶段,经营者过度使用设备等资源且维护不周	特许期结束后项目移交给政府后无法继续正常运营	投资方/政府
3.3	经营者能力弱	由于特许经营人能力不足等原因导致建设运营效率低下	招标过程不合理、投资者资质造假等	项目运营效率低下	双方/政府
3.4	财务监管不力	贷款方和政府对项目公司资金运用和现金流监管不足,导致项目资金链断裂等变故	业主对财务非法操作,放贷方和政府对项目公司财务状况失控	项目财务状况恶化	双方/政府
4	金融风险	金融方面的风险			
4.1	利率风险	指市场利率变动的不确定性给PPP项目造成的损失	中央政府对利率的宏观调控导致金融市场的利率变化	融资成本的增加	无/投资方
4.2	外汇风险	包括外汇汇率变化风险和外汇能否兑换风险	政府对外汇汇率或者兑换条件的宏观调控	货币兑换成本的增加或者禁止兑换	无/投资方
4.3	通货膨胀	整体物价水来上升,货币的购买能力下降,导致项目成本增加等其他成果	市场经济环境变化,货币贬值	成本增加,市场需求可能减少	无/投资方
4.4	税收调整	包括中央或者地方政府的税收政策变更	中央或者地方政府的税收政策变更	税收条件变化	无/投资方

5.1 PPP 项目的风险管理

续表

序号	风险类别	风险释义	风险来源	风险后果	责任/影响人
4.5	融资风险	融资结构不合理，金融市场不健全融资的可及性等因素引起的风险，其中最主要的表现形式是资金筹集困难	金融市场不健全、融资不到位	融资成本增加，甚至可能出现融资失败，导致项目被收回	投资方
5	财政风险	PPP 项目政府方出现的财政风险			
5.1	直接融资风险	为项目启动提供直接融资，直接引起政府负债			政府
5.2	担保风险	对项目需求低于预期或汇率变动等情况提供担保，可能引起政府负债			政府
5.3	隐性担保风险	资金需求超计划，政府有义务介入或接手并提供服务			政府
5.4	项目质量风险	①政府过度承担风险；②政府被要求弥补收入缺口；③因不能有效识别和分配财政风险责任；④信息不对称；⑤未安排项目的长期预算；⑥财政和风险监管不到位；⑦受 PPP 项目前期收益较低的影响，政府过度投资			政府
6	法律/合同风险	法律法规和合同方面的风险			

续表

序号	风险类别	风险释义	风险来源	风险后果	责任/影响人
6.1	法律体系不完善	由于现在PPP立法层次较低、效力较差、相互之间存在某些冲突和可操作性等原因造成的危害	现有PPP相关法律条款缺失或不完善,导致项目运作受到限制	投资者遭受的损失无法通过法律途径解决,项目可能被迫中止或终止	政府/投资方
6.2	法律变更	由于法律、法规及其他政府宏观经济政策变化而引起项目成本增加、收益降低等后果	由于相关法律条款的变更,导致现有项目的合同条款设置与其有一定程度的冲突	项目成本增加、收益降低或者需要修改部分项目合同条款,需进行重新谈判,加长项目谈判时间	政府/双方
6.3	收费变更	包括由于PPP产品/服务费价格过高过低或者收费调整不弹性/不自由,导致项目公司的运营收入不如预期	政府调整收费机制	政府运营收入不理想	政府/投资方
6.4	合同文本不完善	合同文件出现错误、模糊不清、设计缺乏弹性、冲突,包括风险分担不合理,最主要的表现形式是资金筹集不到位,工期、质量无保障	合同文件设计不完善	政府与投资者之间出现纠纷,可能导致项目中止,严重时也可能导致项目终止	双方/双方
6.5	第三方延误/违约	除政府和社会资本投资者,其他项目参与者拒绝履行合同约定的责任和义务,或者履行时间延误	由于合作第三方的各种原因导致的延误或者违约	导致成本增加,工期延误	第三方/投资方
7	政治风险	政治和政策方面的风险	换届新官不理旧事		

续表

序号	风险类别	风险释义	风险来源	风险后果	责任/影响人
7.1	政府信用	政府不履行或拒绝履行合同约定的责任和义务而给项目带来直接或间接的危害	政府官员权力欲望强烈,希望拥有项目的控制权和决策权,以体现个人权威	可能出现支付停滞或延误、工期延误等,甚至出现项目中止或终止的情况	政府/投资方
7.2	政府干预	政府官员直接干预项目建设、运营,影响社会资本的自主决策权力	法律漏利,决策流程不透明,官员个人行为,官员腐败的可能性	项目效率降低,导致成本增加或工期推延甚至中止等情况	政府/投资方
7.3	政府官员腐败	政府官员的腐败行为将直接增加项目公司在关系维持方面的成本,同时也加大了政府将来违约的可能性	调控政策时,合约条款有违中央政策/方针,政府征用,强制退出	增加沟通成本而加大项目成本,导致将来的违约风险	政府/投资方
7.4	征用/公有化	中央或地方政府强行征收或没收项目	决策效率低,流程不规范和错误,前期准备不足或信息不对称,官僚作风等内在问题	项目终止,社会资本退出	政府/投资方
7.5	决策延误/失误	程序不规范、官僚作风、缺乏PPP的运作经验和能力、前期准备不足、信息不对称等造成项目决策失误和过程冗长	项目预期收费过高或者项目环评/可研不合理,损害公众利益,导致社会公众反对项目	谈判持久,前期工作拖延,影响项目实施,甚至导致项目失败	政府/投资方

续表

序号	风险类别	风险释义	风险来源	风险后果	责任/影响人
7.6	公众反对	由于导致公众利益得不到保护或受损,引起公众反对项目建设所造成的风险	项目预期收费过高或者项目环评/可研不合理,损害公众利益,导致社会公众反对项目	工期延误,需重新谈判修改具体合同条款,严重时也可能导致项目中止或终止	双方/投资方
8	其他风险	除以上因素以外带来的风险			
8.1	不可抗力风险	合同双方无法控制客观因素导致的,又无法回避或克服的事件或情况	地震、洪水、台风等自然灾害和战争、政变等人为因素	工期延误或者成本增加,甚至可能导致项目中止或终止	无/双方

5.1.2 PPP 项目风险识别分析

公路工程 PPP 项目工程量大、周期长、建设管理者多、结构复杂,在项目建设与运营期间必然会存在大量的不确定事件,可能会导致项目识别的误判、管理的失误、建设质量和安全问题的存在、进度的延误、后期养护的缺失、经营管理亏损等,这些都会给政府带来责任风险,给企业造成经济损失,最终对社会造成不良影响。运用科学合理的方法有效找出这些不确定因素的过程就是风险识别。风险识别是公路工程 PPP 项目投资建设安全管理的第一步,是公路工程 PPP 项目全寿命周期投资建设管理的基础。风险管理人员通过调查公路工程 PPP 项目相关资料,对项目全寿命周期的投资建设管理的全过程进行系统分析、分解,结合各阶段建设管理特点、建设条件和环境因素进行风险识别和归类,形成风险清单,最终目的是弄清楚项目所面临的风险有哪些、引起的风险因素是什么、会造成什么样的后果等问题。选择科学合理的识别分析方法，有利于公路工程 PPP 项目风险的有效控制和管理。

1. 公路工程 PPP 项目风险识别的原则

风险识别是公路工程 PPP 项目风险管理工作的开始，科学而全面地识别出风险因素，是确保风险管理工作成功的关键，任何一个风险因素尤其是重大风险因素的错误识别或遗漏都有可能造成风险管理工作的失败，给 PPP 项目带来不利的影响，甚至造成严重的事故。因此，在风险识别过程中，要深入调研，认真分析。在风险识别的全过程中应遵守以下原则。

(1)系统性原则。公路工程 PPP 项目风险的识别要从全寿命周期全局的高度制定风险管理计划，分解建设投资程序，从 PPP 项目的识别规划开始，至项目运营结束而终。风险管理人员应该对比同类工程，结合项目建设投资运营管理环境和公路工程 PPP 项目特点，制定系统的风险管控方案，找出各阶段不同工程项目的所有可能存在的风险因素，制定风险普查清单。

(2)全面性原则。公路工程 PPP 项目投资建设全过程中的各个阶段、各个环节都会遇到不同的风险，任何一个风险源的遗漏都有可能导致公路工程 PPP 项目投资管理的失利，甚至造成严重的风险事故。单一的风险识别方法只能用于单一的小型项目之中，在公路工程 PPP 项目中必须采用科学的综合的风险识别方法，运用不同的手段和方法从多角度对比分析、研究和识别，这就是风险识别的全面性原则。

(3)重要性原则。项目都会有风险的存在，风险因素都有大有小，应分别对待。首先，应该做到的是在全面性原则基础上，要充分考虑风险管理成本，把风险因素与成本因素或其他影响因素一一对应，划分风险等级，根据项目规模的大小和风险影响大小标注重点风险。对于那些相对复杂、存在较大的不可预见性并且有可能造成严重后果的重大风险源，一定要进行重点识别。其次，对公路工程PPP项目中的重点工程、关键工程与重要建设环节，一定要重点识别。

(4) 动态性原则。公路工程PPP项目建设周期长，全寿命周期更长，整个建设管养和运营分属不同的阶段，即使同一阶段的建设管理，其风险因素也会随着时间和环境条件的变化而变化。因此，对公路工程PPP项目必须实行风险的动态管理。根据项目的进展情况，定期或不定期地进行风险识别再识别，更新项目风险源，确保项目投资建设安全。

(5) 全员参与原则。公路工程PPP项目一般都是地方政府的一项庞大的社会公共基础设施建设项目，涉及面广，参与方多，投资大，一定要参建各方共同努力、全体建设者齐心协力才能完成。建设的安全性关乎每一个建设者和未来项目的使用者，关乎社会公众。因此，对于公路工程PPP项目的风险管理是每一个建设者分内之事，只有调动了每一个建设者风险管理参与意识，才能激发大家不遗余力地找出可能存在的风险源。甚至可以归纳整理总结风险识别表，向全体建设者甚至公众征求意见，彻底有效地控制投资建设风险。

2. PPP项目的风险识别步骤

PPP项目的风险识别一般分为4个步骤，如图5-1所示。

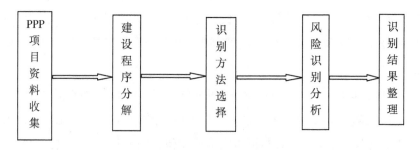

图5-1　PPP项目风险识别步骤

1) PPP 项目资料收集

PPP 项目资料收集是公路工程 PPP 项目投资建设风险识别的第一步，是风险识别的基础。资料必须完整而详细，资料的完整性对风险识别具有重大的影响，是科学识别建设风险的关键。主要资料包括：

(1) 社会经济、地理、人口、规划布局资料；

(2) 公路工程 PPP 项目规划与可行性研究资料；

(3) 物有所值评价资料；

(4) 建设环境、条件、水文、地质、气象资料；

(5) 公路工程 PPP 项目设计资料；

(6) 公路工程 PPP 项目招标采购资料；

(7) 公路工程 PPP 项目施工资料；

(8) 公路工程 PPP 项目竣工验收资料；

(9) 公路工程 PPP 项目运营养护管理资料；

(10) 公路工程 PPP 项目后评估资料。

2) 公路工程 PPP 项目全寿命周期分解

根据风险识别分析的需要，可以将公路工程 PPP 项目投资管理的全寿命周期分解为 4 个阶段。

(1) PPP 项目前期工作阶段，主要包括 PPP 项目规划识别、可行性论证、物有所值评价、PPP 项目决策；

(2) PPP 项目投资建设阶段，主要包括 PPP 项目招标采购、特许经营权许可、建设施工、交竣工验收；

(3) PPP 项目的运营阶段，主要包括 PPP 项目的运营与经营管理、PPP 项目的养护与大中修、PPP 项目的移交；

(4) PPP 项目的终止阶段，主要包括 PPP 项目的后评估、现有项目的报废与终止论证等。

3) PPP 项目风险识别方法的选择

关于公路工程 PPP 项目风险识别的方法有很多，有定性方法、定量方法、定性定量相结合的方法等，具体包括专家评分法、德尔菲法、事件树法、神经网络法等。需要根据公路工程PPP项目的建设规模、建设管理难度和风险分析管理的要求，选择科学合理的方法能够有效地提高风险识别的准确性和精度，具体项目将具体分析选择。

4）风险的识别与分析

将公路工程PPP项目按全寿命周期分阶段进行分解，选择科学合理的风险识别方法，逐一进行风险识别，找出在PPP项目投资建设过程中可能发生的风险事故。根据PPP项目投资建设的致因机理，结合公路工程投资建设管理经验，找出PPP项目风险事故发生的原因，即风险因素。

5）风险结果的整理

对公路工程PPP项目风险识别的结果进行汇总，形成风险源清单及风险因素清单，是进行风险估计与评价的重要依据。

3. PPP项目风险起源及其影响

（1）风险源及其致因分析。公路工程PPP项目因其项目规模大、投资大、工程复杂且建设周期长，故其全寿命周期合同管理必将是错综复杂的。正因为其建设投资管理风险大，所以风险管控人员列举了部分风险的来源，分析了风险的致因，界定了归责对象，如表5-1所示。

（2）风险后果及其影响分析。PPP项目风险发生后，可能对项目的成本、进度、质量等产生影响，风险后果及其影响对象如表5-1所示。

5.2 PPP项目风险评估

5.2.1 PPP项目风险评估原理

风险评估是典型的多目标模糊条件下的决策问题，因其涉及风险相关的政府部门、企业单位人员、法律体系、物流供应、自然环境、工程技术水平等多个方面，客观因素和主观因素兼有，很难用一个准确的数值进行评估。而且这些指标的权重偏好因人而异,不同参与方对权重的设置偏好是不同的。

根据PPP项目风险特征,如图5-2所示,可以将风险评估分为3个维度进行:其一是风险的权重;其二是风险概率;其三是风险危害程度。风险的权重是指该类风险对于PPP项目建设的重要程度,项目管理者需要根据风险的权重排序并考虑各类风险因素。风险概率是指该类风险在PPP项目建设过程中发生的可能性,风险概率的确定可以由[0,1]上的模糊数表示,通常用一个确定的概率值,也可以用一个概率范围表示,发生的可能性越大,越需要得到项目管理者的重视与控制。风险危害程度是指风险发生后,对PPP项目整体利益造成的损害程度,如果损害程度较大,则需要项目管理者加强重视。

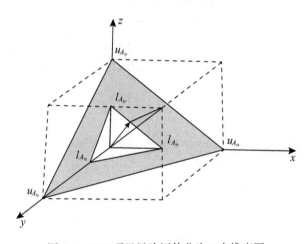

图 5-2 PPP 项目风险评估分为 3 个维度图

根据风险的3个维度建立三维坐标体系,假定将 x 轴作为风险权重, y 轴作为风险概率, z 轴作为风险危害程度,则某类风险 A,可以表示为一个向量(L)在三维空间的投影:$\{(l_{A_{ix}}, u_{A_{ix}}), (l_{A_{iy}}, u_{A_{iy}}), (l_{A_{iz}}, u_{A_{iz}})\}$,这种表示方法可以用风险的 Vague 图(图 5-2)直观反映出来。

Vague 图具有如下特点：

(1) 通过三维坐标表示风险的基本参数：权重、发生概率、危害程度；

(2) 外面大的三角形 ($u_{A_{ix}}$, $u_{A_{iy}}$, $u_{A_{iz}}$) 表示最大风险强度；

(3) 中间小的三角形 ($l_{A_{ix}}$, $l_{A_{iy}}$, $l_{A_{iz}}$) 表示最小风险强度；

(4) 灰色区域大小表示该风险的不确定程度。

根据以上原理，就具体 PPP 项目而言，可以通过专家打分的方法，分别打出该项目风险三维的分值。综合多个专家的评分，可以得到该项目的风险三维评价表(表 5-2)。为了便于计算，评分一般值范围选在 [0, 1] 之间。

表 5-2　　　　　　　　　　PPP 项目风险三维评价表

序号	风险因素	风险权重		风险概率		危害程度	
		下值 $l_{A_{ix}}$	上值 $u_{A_{ix}}$	下值 $l_{A_{iy}}$	上值 $u_{A_{iy}}$	下值 $l_{A_{iz}}$	上值 $u_{A_{iz}}$
1	项目唯一性						
2	市场需求变化						
3	招标竞争不充分						
4	社会资本投资主体变动						
5	运营成本超支						
6	项目测算不当						
7	项目审批延误						
8	土地获取风险						
9	技术风险						
10	环保风险						
11	气候/地质风险						
12	完工风险						
13	供应风险						
14	工程变更						

5.2 PPP 项目风险评估

续表

序号	风险因素	风险权重		风险概率		危害程度	
		下值 $l_{A_{ix}}$	上值 $u_{A_{ix}}$	下值 $l_{A_{iy}}$	上值 $u_{A_{iy}}$	下值 $l_{A_{iz}}$	上值 $u_{A_{iz}}$
15	费用支付风险						
16	配套基础设施风险						
17	组织协调风险						
18	项目移交风险						
19	经营者能力不足						
20	财务监管不力						
21	利率风险						
22	外汇风险						
23	通货膨胀						
24	税收调整						
25	融资风险						
26	直接融资风险						
27	担保风险						
28	隐性担保风险						
29	项目质量风险						
30	法律体系不完善						
31	法律变更						
32	收费变更						
33	合同文本不完善						
34	第三方延误/违约						
35	政府信用						
36	政府干预						
37	政府官员腐败						
38	征用/公有化						
39	决策延误/失误						
40	公众反对						
41	不可抗力风险						

5.2.2 PPP 项目风险评价模型

1. 建立风险层级结构

首先根据 PPP 项目特点，建立政府、投资商及表 5-1 所示的 8 大风险指标体系，构建 PPP 项目风险层级结构。

2. 对各风险指标评分

为了对 PPP 项目风险进行评价，研究人员需要对各指标进行综合评分。我们假定评价各指标的目标矩阵为 A，$A = (B_1, B_2, \cdots, B_i, \cdots, B_m)^T$，各列中的最优指标为 A_j^*，$i \in [1, m]$，$j \in [1, n]$，对目标矩阵 A 的 j 个指标进行评价，评分值越大表示风险越大，即：

$$A_j^* = \max(B_{1j}, B_{2j}, \cdots, B_{ij}, \cdots, B_{mj})^T \tag{5-1}$$

所有指标均用 Vague 值作为评分值，即用 [0, 1] 的小区间表示该风险指标的评价值（范围）。根据基于 Vague 值的多目标决策方法定义，设 $B_i = (C_1, C_2, \cdots, C_k)$，$k \in [1, k]$，利用专家评分法对每个 C_k 进行评分，估算其三维指标体系的最大值/最小值。

专家评分法是在建立 PPP 项目专家库的基础上，通过匿名方式征求相关专家意见，然后对其意见进行整理、分析和归纳，将归纳结果发送给专家，进行再征询。如此进行多轮意见的征询、反馈和调整后，得到 C_k 值，并形成目标矩阵 C，即

$$C_k = ([l_{C_{kx}}, u_{C_{kx}}], [l_{C_{ky}}, u_{C_{ky}}], [l_{C_{kz}}, u_{C_{kz}}])^T \tag{5-2}$$

3. 计算各指标权重值

为了减少主观因素的影响，首先将隶属于同一指标的各指标之间的相对重要性进行比较，形成判断矩阵。一般来说，目标层 A 的因素对准则层 C_k 有支配关系，可以建立以 A 为准则的两两比较判断矩阵 C_k，即为

$$\boldsymbol{A}_{ij} = \begin{pmatrix} a_{11} & a_{12} & \cdots & a_{1n} \\ a_{21} & a_{22} & \cdots & a_{2n} \\ \vdots & \vdots & & \vdots \\ a_{m1} & a_{m2} & \cdots & a_{mn} \end{pmatrix}, \begin{matrix} i = 1, 2, \cdots, m; \\ j = 1, 2, \cdots, n \end{matrix} \tag{5-3}$$

式中，$\boldsymbol{A}_{ij}$ 为项目的目标；a_{ij} 为 a_i 与 a_j 相比的重要程度。

为了使得决策判断定量化，形成上述数值判断矩阵，采用如表 5-3 所列的 1~9 标度方法。

表 5-3　　　　　　　　　　标度含义

标度	含义
1	表示两个因素相比，具有同样重要性
3	表示两个因素相比，前者比后者略重要
5	表示两个因素相比，前者比后者较重要
7	表示两个因素相比，前者比后者非常重要
9	表示两个因素相比，前者比后者特别重要
2, 4, 6, 8	表示上述相邻判断的中间值

通过以上方法可以建立两两比较判断矩阵。然后，利用公式(5-4)

$$w_i = \frac{\sqrt[n]{\prod_{j=1}^{n} a_{ij}}}{\sum_{k=1}^{n} \sqrt[n]{\prod_{j=1}^{n} a_{ij}}}, \quad i = 1, 2, \cdots, m \tag{5-4}$$

即可得到各指标权重值，此时，建立指标权重矩阵 $\boldsymbol{W}$：

$$\boldsymbol{W}_k = (w_1, w_2, \cdots, w_i, \cdots, w_m), \quad i \in [1, m]$$

4. 计算目标矩阵风险值

$A_i = \boldsymbol{C}_k \cdot \boldsymbol{W}_k$，$i \in [1, m]$，$k \in [1, k]$，得目标矩阵 $\boldsymbol{A}$，$\boldsymbol{A} = (A_1, A_2, \cdots, A_i, \cdots, A_m)$，$i \in [1, m]$。

5. 计算PPP项目总风险值

$$P = A \cdot W = (A_1, A_2, \cdots, A_m)^{\mathrm{T}} \cdot (w_1, w_2, \cdots, w_m) \quad (5-5)$$

5.3 PPP项目风险分担机制

5.3.1 PPP项目风险分担的因素

1. 对风险的有效控制能力

根据双方对于某风险的有效控制能力是否存在明显优势差异，进而推断风险的实际分担情况。对风险有效控制力是多层次的，它取决于双方能否预见风险的存在，能否正确评估风险发生的概率和影响程度，能否降低风险的发生概率，能否控制风险发生的危害程度，以及管理风险所需付出的成本大小。

2. 政府能够提供的激励措施

风险与收益应该相匹配，或者风险应该由风险承担成本最低的一方承担。但在实际操作时，为了提高项目对社会资本的吸引力，政府往往愿意提供相应的激励措施。地方政府的这些必要的激励措施，可以减弱社会资本项目收益不足的风险。

3. 风险的归责对象

风险分担应该遵循过错原则、过错推定原则、违法原则、严格责任原则等多元化归责原则体系。研究归责对象来判断风险的分担，虽然在法律层面上是公平合理的，但在实际操作中却没那么理想，甚至可能无法得到落实。例如，出现归责对象对该风险的控制力很低或者控制该风险的成本很高的情况，再如无法清晰地界定风险因素归责的过程，或者合同的双方都没有过错的情况等，这就需要研究其他风险分担原则。

4. 与风险对应的收益

PPP 项目实施在于获得合理的投资回报，风险与回报相匹配。当然，这并不是将尽量多的风险转移给社会资本的理由。风险与回报相匹配的准则应该用于对风险进行估价和准备投标报价，而不应该进行反向操作。如果社会资本为了获得更多收益主动承担更多风险，可能因其风险控制能力不足，而对项目造成严重的影响。

5. 双方的比较优势

在 PPP 项目中，政府和社会资本理论上是平等的合作伙伴，实际上双方的地位并不平等，这些差异包括双方对待风险的态度、对项目的需求程度、双方的合作历史、各自的项目经验、项目的竞争程度和双方的判断能力等。因此，在判断实际风险分担的时候，往往还需凭借双方的比较优势而划定。

5.3.2　PPP 项目风险公平分担机制

1. PPP 项目风险分担的时点

PPP 项目过程一般包括准备阶段、招投标阶段、合同组织阶段、融资阶段、建设阶段、经营阶段、移交阶段。其中，准备阶段的里程碑事件包括可行性报告的制订和招标文件的制订；招投标阶段的里程碑事件是中标人的确定；合同组织阶段则是合同的签订。图 5-3 表示风险分担管理在 PPP 项目中的时点。在项目准备阶段，政府需要在详细调查项目需求的基础上，通过对以往类似案例的学习或者咨询行业专家等方法，在表 5-1 所提供的风险清单的基础上，识别出项目潜在的风险因素并进行评估，从而制定项目的可行性研究报告。

评估风险并计算风险价值的目的在于：①在可行性研究阶段判断项

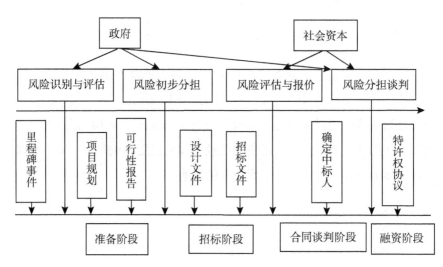

图 5-3　PPP 项目风险分担时点图

目应该采用 PPP 模式还是传统的政府投资模式；②在确定采用 PPP 模式后，为选择最佳投资者提供评标依据。政府应根据风险分担调整机制进行风险的初步分担，在此基础上制定招标文件并发布招标公告，并附上风险公平分担建议和风险初步分担结果的风险矩阵。PPP 项目招投标时，投标单位根据招标文件，进行进一步的风险识别和自我风险评估、预测，并研究存在的风险是否有转移第三方的可能，再根据自身的实力和家底（如人才、技术、设备、资金、经验等），决定是否进行风险报价，并将风险成本反映于投标报价中；如果认为对该风险不具有控制力，则可以选择转移给第三方，并初步估计转移成本，同时也反映于投标报价中。风险清单，可根据政府在招标时提供的风险矩阵选择。政府则根据自己在准备阶段的风险价值计算，比较各投标人的投标报价以及投标人的经验、能力等其他非价格因素，最后确定一个最合适的中标人。

　　PPP 项目是风险共担的模式，政府不可以将所有的风险都转移给社会资本，政府也需要主动承担一定的风险，才能达到风险的合理分担,并可降低风险管理成本。风险的分担通过合同条款来定义。

PPP项目的合同谈判阶段,政府和项目公司首先就特许权协议进行谈判,确定双方的权利和义务、服务定价及调整机制。在谈判过程中务必确保特许权协议已经覆盖了双方在前期所识别的风险,谈判可选择前面所介绍的风险分担调整机制。在签订特许权协议之后,项目公司再与其他专业分包商、放贷方、保险方等进行合同谈判,将自己掌控不了的风险转移给对该风险更有控制力的第三方。

2. PPP项目风险分担流程

PPP项目的实施阶段,政府和社会资本都应该详尽地评估整个项目寿命周期中的潜在风险,以确保风险分担的公平性和合理性。

PPP项目的实施阶段复杂而过程漫长,涉及风险因素很多,而且这些风险不可能仅仅依靠技术性措施就可以解决,而是要靠所有项目参与方共同承担。

在项目风险分担流程中,发起PPP项目的政府部门首先基于风险因素的属性提出风险分担方案,如表5-4所示。按照属性,风险分为三种:由社会资本承担的风险、由政府部门承担的风险以及共同承担的风险。对拟由社会资本承担的风险,社会资本首先对分配给自己的风险进行评估报价,如果政府部门接受报价,则此风险由社会资本承担;反之,进行协商并重新进行风险分配。PPP风险分担流程如图5-4所示。

合理的风险分担有利于PPP项目参与者,在项目全寿命期内采取理性且谨慎的行为,减少风险发生概率,降低风险发生后造成的损失和风险管理成本,使各项目参与者达到互惠互利、共赢的目标。因此,PPP项目风险应满足以下三项分担原则。

(1)优化分配的原则。按各自风险控制能力和承担能力进行分配。风险由对其最有控制力的一方承担,降低风险发生概率和风险控制成本。通过最优风险配置,可以有效降低整个项目的整体风险。更强的承担能力是指某参与方处理该风险最经济、最有效率,由其处理风险,公私双方共同的收益最大。

表 5-4　　**PPP 项目风险分配变化对比表**

事项	传统模式	PPP 模式
设计	④	②
施工	②	②
服务提供	①	②
维护更新	①	②
服务质量	①	②
服务数量	①	③
不可抗力	①	③
报废	①	③
残值	①	①
政策法规	①	①

注：①政府部门，②社会资本，③政府部门/社会资本共担，④第三方。

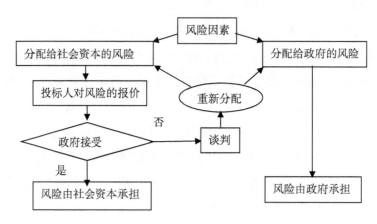

图 5-4　PPP 项目风险分担流程图

（2）风险和收益匹配对等原则。按风险与回报相符原则进行风险分配，承担风险的一方对于控制该风险有更大利益或动机。承担风险的程度与所获得收益相匹配,可有效调动风险承担方的积极性。公私双方在合作中的作用不同,在不同阶段创造的项目价值不同。项目中需要按风险与回报相符的原则来分配风险。

(3) 量力而行原则。承担的风险要有上限,避免一方承担过多的风险。在风险分配优化和风险收益对等的原则下,还要考虑政府和社会资本各自的承担能力。如果风险最终发生,承担风险的一方不应将由此产生的费用损失,转移给合同其他方。

3. PPP 项目风险分担建议

政府和社会资本双方对于风险的分担主要通过权利义务的界定和付款机制来确定,即通过项目合同(特许经营协议)条款来定义。根据表 5-1 提供的 PPP 项目风险分类来源与影响,根据计算的风险的概率与危害程度,按照以上风险分担的 3 项原则,可以为政府和社会资本以及 PPP 项目的各参建单位提出风险分担建议,以供决策参考。

在 PPP 项目的全寿命周期的实施过程中,风险将随着项目的进程而发生改变,因此,风险分担也是会发生相应改变的。这就要根据具体项目情况,构造一个风险分担调整机制,如图 5-5 所示。

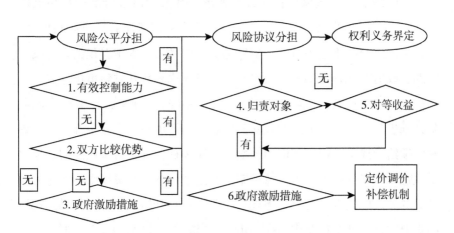

图 5-5　PPP 项目风险分担机制图

第一步：检查双方对于该风险的有效控制能力，是否有明显差距，若不存在明显差距，则进入下一步骤。对于已有分担建议的风险，检查对该风险具有控制能力优势的一方，是否已经承担了该风险，否则建议修改为由该方承担该风险。对于新识别的无分担建议的风险，建议由具有控制能力优势的一方承担该风险。风险有效控制能力可以细分为能否预见风险的存在，能否正确评估风险发生的概率和影响程度，能否降低风险的发生概率，能否控制风险事件本身，能否降低风险发生的危害程度以及管理风险所需付出的成本大小。

第二步：检查双方在项目中的比较优势是否有明显差距，若不存在明显差距，则进入下一步骤。对于已有分担建议的风险，检查处于劣势的一方是否已承担了该风险；若否，则建议修改为由该方承担该风险。对于新识别的无分担建议的风险，建议由处于优势的一方承担该风险。此处比较优势的概念包括双方的风险态度、对项目的需求程度、双方的合作历史、各自的项目经验、对该项目的竞争程度和双方的谈判能力等。

第三步：检查政府部门是否愿意提供激励措施；若否，则进入下一步骤。对于已有分担建议的风险，政府部门若愿意提供激励措施，检查其是否已经承担了该风险；若否，则建议修改为由政府部门承担该风险。对于新识别的无分担建议的风险，政府部门若愿意提供激励措施，建议由政府部门承担该风险。政府部提供的激励措施主要包括政府投资赞助、政府对融资的协助、政府担保、税收优惠和开发新市场等。

第四步：检查该风险的归责对象，如果归责对象已经承担了该风险，则进入第六步。如果归责对象没有承担该风险则进入第五步，归责对象须给予风险承担方相应的补偿。政府和社会资本对于风险的分担主要通过权利义务的界定和付款机制的确定来实现，归责原则不能作为权利义务界定的依据。为避免建设/运营队伍出现风险控制力不足的情况，归责原则在本调整机制中仅作为定价/调整/补偿机制的参考依据。

第五步：根据风险收益对等原则，计算所承担的风险相对应的收益，或者在定价/调整/补偿机制中考虑增加该风险。这个环节，应强调风险收益对等原则。该原则应该建立于合理的权利义务界定的基础上。即该原则应该用于计算承担合理风险比对应的收益，切勿为了获得更多利益而承担更多的风险。

第六步：检查政府部门是否愿意提供激励措施。第三步中的激励措施主要是政府在权利义务方面的主动承担，与之不同，第六步中政府部门提供的激励措施主要是放弃所承担风险对应的收益，以提高项目对投资者的吸引力。

5.4 秭归长江公路大桥 PPP 项目风险决策

5.4.1 秭归长江公路大桥 PPP 项目风险评估方法

1. PPP 项目风险分析方法

风险分析方法很多，常见的有基于信心指数的专家调查法、模糊综合评判方法、层次分析法和故障树分析方法。

2. PPP 项目风险等级标准

一般来说，风险可表征为风险事故发生的概率与损失的乘积，结合本工程实际情况，给出风险事故概率和损失的等级标准见表 5-5 ~ 表 5-8。

表 5-5　　　　　PPP 风险发生概率等级标准

等级	一级(A)	二级(B)	三级(C)	四级(D)	五级(E)
事故描述	不可能	很少发生	偶尔发生	可能发生	频繁
区间概率	$P<0.01\%$	$0.01\% \leqslant P<0.1\%$	$0.1\% \leqslant P<1\%$	$1\% \leqslant P<10\%$	$P \geqslant 10\%$

表 5-6　　　　　PPP 项目风险事故损失等级标准

等级	一级(1)	二级(2)	三级(3)	四级(4)	五级(5)
描述	可忽略	需考虑	严重	非常严重	灾难性

表 5-7　　　　　PPP 项目风险评价估矩阵

风险		事故损失				
		1. 可忽略的	2. 需考虑的	3. 严重的	4. 非常严重	5. 灾难性
发生概率	A：$P<0.01\%$	1A	2A	3A	4A	5A
	B：$0.01\%\leqslant P<0.1\%$	1B	2B	3B	4B	5B
	C：$0.1\%\leqslant P<1\%$	1C	2C	3C	4C	5C
	D：$1\%\leqslant P<10\%$	1D	2D	3D	4D	5D
	E：$P\geqslant 10\%$	1E	2E	3E	4E	5E

表 5-8　　　　　PPP 项目风险指标分级评价标准

等级	风险	接受准则	控制对策
一级	1A,2A,1B,1C	可忽略的	不必进行管理、审视
二级	3A,2B,3B,2C,1D,1E	可容许的	引起注意,需常规管理审视
三级	4A,5A,4B,3C,2D,2E	可接受的	引起重视,需防范、监控措施
四级	5B,4C,5C,3D,4D,3E	不可接受的	需重决策,制定控制、预警措施
五级	5D,4E,5E	拒绝接受的	立即停止,需整改、规避或预案措施

5.4.2　秭归长江公路大桥 PPP 项目风险识别和评估

1. 秭归长江公路大桥 PPP 项目补偿风险

项目涉及秭归县政府承诺给予的现金补贴 10 亿元,其中 9 亿元作为建设期资本金,1 亿元在运营期前五年逐年到位。政府承诺的 9 亿元资本金中，1亿元由秭归县自筹，6亿元的三峡后续工程补助和2亿元的交通运输部补助均在申请中，尚未落实。其中，根据国家发展和改革委员会对项目工程报告的批复，三峡后续工程专项补助应可落实2.5亿元，另外3.5亿元是秭归县政府正在申请追加的额度，能否落实的不确定因素较大。

建设期现金补助是否能够按照约定及时到位，直接关系到项目的开工及施工进度，项目工期的拖延可能导致项目成本失控，最终导致项目投资失败。运营初期为项目培育期，通常存在流动资金不足的情况，在不容易获得短期融资安排的情况下，运营期补助是否能够按照约定及时到位就显得尤为重要。

本项目补助风险评定结果如表5-9所示。

表5-9　　秭归长江公路大桥PPP项目补助风险评价

序号	补偿风险	发生概率	损失后果	风险等级
1	政府补贴风险	C	3	三级

2. 秭归长江公路大桥PPP项目市场风险

1）新增竞争性项目出现的风险

从过江交通来看，在本项目交通量预测时已考虑了沪蓉高速公路等影响因素。且本项目上下游50km范围内不具有再建设其他过江通道的合理位置，因此本项目影响区域内新增竞争性过江公路项目的风险不大。

从公路通道方面来看，在湖北省高速公路网规划中，鄂西地区南北向新增路网仅有呼北高速，呼北高速与本项目东西间隔约40km，且功能定位与本项目不同，两者间竞争较弱。

2）通道建设及交通量波动风险

交通量是影响收费收入的最主要因素。如果项目实际承担的交通量低于研究中的预测值，项目将不能产生预期的现金流量以支付经营费用、创造利润和偿还融资本息，将造成财务风险。反之，如果交通量规模高于评估预期，则收费收入会增加，从而增强项目盈利能力。因此，交通量波动对于项目收益的影响较大。

综上所述，对本项目市场风险评定结果如表5-10所示。

表5-10　秭归长江公路大桥PPP项目市场风险评价

序号	市场风险	发生概率	损失后果	风险等级
1	新增竞争性项目出现的风险	B	3	二级
2	通道延迟贯通风险	B	3	二级

3. 秭归长江公路大桥PPP项目资金风险

1) 项目融资风险

本项目通道功能显著，预期收益较好，项目公司融资风险较小。

2) 利率风险

贷款利率一般是浮动利率，一旦利率上升，项目生产运营成本就会攀升，从而导致净收益减少。本次经研究过去的两个利率周期 2007-09-15—2008-12-23（波峰至波谷）、2008-12-23—2011-07-07（波谷至波峰）的利率加权平均值为 6.69%。目前利率为 6.55%，综合来看，本项目建设期和营运期存在利率上调的风险。

根据以上论述，对本项目金融风险评定结果如表5-11所示。

表5-11　秭归长江公路大桥PPP项目资金风险评价

序号	金融风险	发生概率	损失后果	风险等级
1	项目融资	A	2	一级
2	利率风险	B	2	二级

4. 秭归长江公路大桥 PPP 项目政策风险

秭归长江公路大桥的收费分两部分，秭归县人民政府拟按照一类小客车长江大桥 15 元/车次+香溪河大桥 5 元/车次的标准报批。已经通车的宜昌大桥和鄂东长江公路大桥现行收费一类小客车 15 元/车次，香溪河大桥 5 元/车次是否能够获批存在一定风险。且作为政府还贷项目，低于 20 元/车次后对公司亏损补差也不符合相关政策。

秭归长江公路大桥 PPP 项目政策风险评价如表 5-12 所示。建议在项目投资协议中明确收费标准，并制定收费标准变动时的政府补偿机制。

表 5-12　秭归长江公路大桥 PPP 项目政策风险评价

序号	市场风险	发生概率	损失后果	风险等级
1	收费标准	C	3	三级

5. 秭归长江公路大桥 PPP 项目工程技术风险

本项目中跨长江大桥采用主跨 531.2m 中承式钢箱桁架拱方案，跨香溪河大桥主桥采用主跨 470m 双塔混合梁斜拉桥方案，为特大跨径特殊结构桥梁。

跨长江大桥处于兵书宝剑峡口，桥型结构的刚度和结构稳定性相对较高，成桥后抗风能力较强。该桥的主要技术难点在于主拱跨径达到 531.2m，其设计、施工技术较复杂，施工风险相对较大。但近年来随着巫峡长江大桥(主跨 460m 中承式钢管砼拱)、卢浦大桥(主跨 550m 中承式钢箱拱桥)、新光大桥(主跨 430m 下承式钢箱桁架拱桥)、朝天门大桥(主跨 552m 钢箱桁架拱桥)、支井河大桥(主跨 430m 上承式钢管砼拱桥)的相继建成，大跨度拱桥的设计施工经验也逐步丰富。

跨香溪河大桥主跨需尽可能跨过深水区，因此推荐采用主跨 470m

的斜拉桥结构，其整体刚度较大、抗风性较强、工程造价较低。香溪河大桥的难点在于东侧主墩的深水基础施工，东岸主墩基础水深较大，钢围堰的水头差达到37m，钢围堰总高度超过50m，钢围堰规模巨大，需要的加工场地和施工设备要求都比较高；围堰定位需强大的定位船和较长的定位缆，定位难度也较大。同时混合梁斜拉桥方案两侧边跨压重区的混凝土主梁需支架现浇施工，最大支架高度接近50m，也具有一定的施工难度。

本项目2座特大桥虽为特大跨径特殊结构桥梁，结合当前国内外建桥技术水平，其设计、施工技术成熟，质量可控，不存在难以企及的前沿性技术难题，其规模与难度远小于国内诸多著名的成功桥梁项目。因此，本项目的技术风险并不大。秭归长江公路大桥PPP项目技术风险评价如表5-13所示。

表5-13　　秭归长江公路大桥PPP项目技术风险评价

序号	技术风险	发生概率	损失后果	风险等级
1	不良地质风险	B	2	二级
2	桥梁工程风险	B	3	二级

6. 不可抗力风险

不可抗力风险主要是人为不可控制的因素如地震、飓风、洪水、火灾、暴风雪、瘟疫、战争、敌对和禁运等对项目造成的风险，通常可以按风险来源分为两大类：由自然灾害造成的不可抗力风险和由战争、罢工、革命、内乱等造成的不可抗力风险。按风险是否可投保，可以分为可保险和不可保险的不可抗力风险。

由于地震、洪水、瘟疫等事件具有不可预见性，此类自然灾害在一定程度上将给本项目带来风险，但概率较小。鉴于社会现状较为稳定，外部环境和谐，本项目受战争、暴乱、罢工等事件发生的影响较小。因此，本项目不可抗力风险较小。

按照重要度等级评定结果，影响本项目的重要风险因素为补偿能否到位、能否顺利变现以及收费标准变化的风险，需要采取措施来应对。

5.4.3 秭归长江公路大桥 PPP 项目风险决策

对于工程技术风险的控制而言，技术人员应详细、深入地做好地质勘察工作；在结构设计时遵循结构耐久性设计的原则，使结构具有可检性、可修性、可换性、可控性及可持续性。

对于政策及补偿方面的风险，项目公司应积极与相关部门联系沟通，力争获得收费价格及补贴方面的保证，履行作为政府投资平台责任的同时，争取较高投资收益水平，实现双赢。

第6章 秭归长江公路大桥 PPP项目招标采购

6.1 PPP项目采购模式

PPP项目采购是进入实质性操作的第一步，也是社会资本依法合规参与PPP项目的进入方式。PPP项目采购是政府为提供高效优质的公共产品和公共服务并降低成本，遵循公平、公正、公开和诚实守信原则，按照相关法律法规的要求依法选择社会资本合作者的过程。采购成功与否及采购结果的优劣直接关系到项目的成败。

6.1.1 PPP项目采购方式与条件

根据《政府采购法》《PPP项目采购办法》《政府采购非招标采购方式管理办法》《政府采购竞争性磋商采购方式管理暂行办法》等规定，PPP项目大致分为5种采购方式，如表6-1所示。

表6-1　　　　　　　PPP项目的采购方式与条件

采购方式	适用条件
公开招标	主要适用于核心边界条件和经济技术参数明确、完整、符合国家法律和政府采购政策，且采购中不做更改的项目

续表

采购方式	适用条件
邀请招标	①具有特殊性，只能从有限范围的供应商处采购的； ②采用公开招标方式的费用占政府采购项目总价值的比例过大的
竞争性谈判	①投标后没有供应商投标，或者没有合格标的，或者重新招标未能成立的； ②技术复杂或者性质特殊，不能确定详细规格或者具体要求的； ③采用招标所需时间不能满足用户紧急需求的； ④不能事先计算出价格总额的
竞争性磋商	①政府购买服务项目； ②技术复杂或者性质特殊，不能确定详细规格或者具体要求的； ③因艺术品采购、专利、专有技术或者服务的时间、数量不确定等原因，不能事先计算出价格总额的； ④市场竞争不充分的科研项目，以及需要扶持的科技成果转化项目； ⑤按照招标投标法及其实施条例必须进行招标的工程建设项目以外的工程建设项目
单一来源采购	①只能从唯一供应商处采购的； ②发生了不可预见的紧急情况不能从其他供应商处采购的； ③必须保证原有采购项目一致性或者服务配套的要求，需要继续从原供应商处采购，且添购资金总额不超过原合同金额百分之十的

根据《政府采购法》第二十七条、《政府采购货物和服务招标投标管理办法》第四条、《政府采购非招标采购方式管理办法》第四条和《政府采购竞争性磋商采购方式管理暂行办法》第四条等规定，就政府采购的服务项目，各级政府应当制定公开招标的数额标准。达到公开招标数额标准的服务项目，必须采用公开招标的方式进行采购；未达到公开招标数额标准的服务项目，拟采用公开招标以外的采购方式的，采购人（即PPP项目的实施机构，下同）应当在采购活动开始前，报经主管预算单位同意后，依法向设区的市、自治州以上人民政府财政部门申请批准。

1. PPP 项目竞争性磋商采购方式的选择

县域经济下交通工程 PPP 项目，作为县域条件下大型基础设施项目，投资规模巨大，技术难度复杂，性质十分特殊，政府需要购买其日常交通服务。基础设施项目往往存在着市场竞争不够充分，需要扶持的科技成果转化项目数量及科技成果转化率不明确，施工过程产生的专利技术被忽视等现象，还存在技术复杂程度、资金消耗总额难以确定等问题，因此县域经济下 PPP 项目采购的最佳选择方式为竞争性磋商采购。

竞争性磋商采购是指采购人、政府采购代理机构通过组建竞争性磋商小组与符合条件的供应商就采购货物、工程和服务事宜进行磋商，供应商按照磋商文件的要求提交响应文件和报价，采购人从磋商小组评审后提出的候选供应商名单中确定供应商的采购方式。竞争性磋商是财政部为了推进政府购买服务、推广 PPP 模式所进行的一项制度创新，也是县域经济下 PPP 建设模式成功运用的必要选择。

2. PPP 项目竞争性磋商的适用情况

竞争性磋商比较适合当前我国的 PPP 项目，尤其是在县域经济不发达的情况下。作为基础设施的交通工程的投资金额巨大、项目技术复杂、工期时间紧迫，需要在较短时间内通过充分协商确定采购需求，面对多种采购需求，采用竞争性磋商的方式更能灵活应对。

《政府采购竞争性磋商采购方式管理暂行办法》规定："符合以下情况的项目，可以采用竞争性磋商方式采购：①政府购买服务项目；②技术复杂或者性质特殊，不能确定详细规格或者具体要求的；③因艺术品采购、专利、专有技术或者服务的时间、数量不确定等原因，不能事先计算出价格总额的；④市场竞争不充分的科研项目，以及需要扶持的科技成果转化项目；⑤按照招标投标法及其实施条例，必须进行招标的工程建设项目以外的工程建设项目。"

6.1 PPP项目采购模式

3. PPP项目竞争性磋商的流程

PPP项目竞争性磋商的流程如图6-1所示。

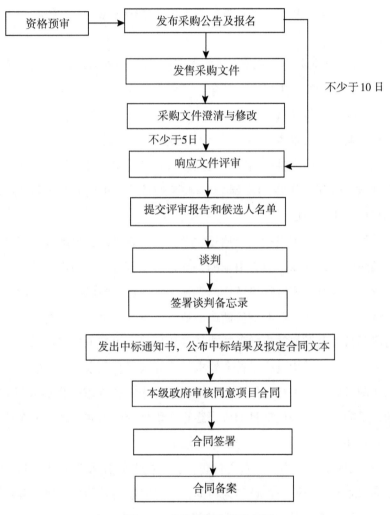

图6-1 竞争性磋商的流程图

6.1.2 PPP 项目采购操作步骤

竞争性磋商项目采购操作步骤分以下 6 项。

(1) 资格审查。在进行竞争性磋商采购之前，首先应对投标的投标人进行资格预审，从符合条件的投标人之中邀请 3 家以上的投标人进行磋商。

(2) 采购公告发布及报名。竞争性磋商公告应在省级以上人民政府财政部门指定的媒体上发布。竞争性磋商公告应包括项目实施机构和项目名称、项目结构和核心边界条件，是否允许未进行资格预审的社会资本参与采购活动，审查原则、项目产出说明、对社会资本提供的响应文件要求，获取采购文件的时间、地点、方式及采购文件的售价，提交响应文件截止时间、开启时间及地点。提交响应文件的时间自公告发布之日起不得少于 10 日。

采购人采购代理机构应当通过发布公告从省级以上财政部门建立的供应商库中随机抽取，或者由采购人和评审专家分别书面推荐的方式邀请不少于 3 家符合相应资格条件的投标人参与竞争性磋商采购活动。在下述情况下，参与采购的供应商最低数量可以为 2 家：市场竞争不充分的科研项目以及需要扶持的科技成果转化项目，提交最后报价的投标人可以为 2 家；在采购过程中符合要求的投标人只有两家的，竞争性磋商采购活动可以继续进行。但是，如采购过程中符合要求的投标人只有 1 家的，采购人、采购代理机构应当终止竞争性磋商采购活动，发布项目终止公告并说明原因，重新开展采购活动。

(3) 采购文件发售。采购文件售价，应按照弥补采购文件印制成本费用的原则确定，不得以营利为目的，不得以项目采购金额作为确定采购文件售价依据。采购文件的发售期限自开始之日起不得少于 5 个工作日。

(4) 采购文件的澄清或修改。提交首次响应文件截止之日前，项目实施机构可以对已发出的采购文件进行必要的澄清或修改，澄清或修改的内容应作为采购文件的组成部分。澄清或修改的内容可能影响响应文件编制的,项目实施机构应在提交首次响应文件截止时间至少 5 日前,以书面形式通知所有获取采购文件的社会资本;不足 5 日的,项目实施机构应顺延提交响应文件的截止时间。

(5)响应文件评审。项目实施机构应按照采购文件规定,组织响应文件的接收和开启。评审小组对响应文件进行两阶段评审。

(6)签署谈判备忘录,发出中标通知书,公示中标结果及拟定合同文本,政府审核签署合同并进行合同的公告和备案。

采购人或者采购代理机构应当在中标人确定后的 2 个工作日内,在省级以上财政部门指定的政府采购信息发布媒体上公告中标结果,同时向中标人发出中标通知书,并将磋商文件随中标结果同时公告。公告应当包括:采购人和采购代理机构的名称、地址和联系方式;项目编号和项目名称、地址、标准、规模、工期、质量要求等项目关键内容;中标人名称、地址和中标价;磋商小组成员名单。

6.1.3 PPP 项目评标方法

1. 政府采购的评标方法

《政府采购货物和服务招标投标管理办法》将招标采购的评标方法分为最低评标价法、综合评分法和性价比法,其中综合评分法最为普遍和常用。

(1)最低评标价法,是指以价格为主要因素确定中标候选人的评标方法,即在全部满足招标文件实质性要求的前提下,依据统一的价格要素评定最低报价,以提出最低报价的投标人作为中标候选人或者中标人的评标方法。最低评标价法适用于标准和要求比较明确的标,如标准定制商品及通用服务项目。

(2)综合评分法,是指在最大限度地满足招标文件实质性要求的前提下,按照招标文件中规定的各项因素进行综合评审后,以评标总得分最高的投标人作为中标候选人或者中标人的评标方法。

综合评分的主要因素是：价格、技术、财务状况、信誉、业绩、服务、对招标文件的响应程度以及相应的比重或者权值等。上述因素应当在招标文件中事先规定。

评标时，评标委员会各成员应当独立对每个有效投标人的标书进行评价、打分，然后汇总每个投标人每项评分因素的得分。

采用综合评分法的，货物项目的价格分值占总分值的比重（即权值）为30%~60%；服务项目的价格分值占总分值的比重（即权值）为10%~30%。执行统一价格标准的服务项目，其价格不列为评分因素。有特殊情况需要调整的，应当经同级人民政府财政部门批准。

$$评标总得分 = F_1 \cdot A_1 + F_2 \cdot A_2 + \cdots + F_n \cdot A_n \qquad (6-1)$$

式中，F_1，F_2，…，F_n 分别为各项评分因素的汇总得分；A_1，A_2，…，A_n 分别为各项评分因素所占的权重（$A_1+A_2+\cdots+A_n=1$，且为正数）。

(3) 性价比法，是指按照要求对投标文件进行评审后，计算出每个有效投标人除价格因素以外的其他各项评分因素（包括技术、财务状况、信誉、业绩、服务、对招标文件的响应程度等）的汇总得分，并除以该投标人的投标报价，以商数（评标总得分）最高的投标人为中标候选人或者中标人的评标方法。

$$评标总得分 = B/N \qquad (6-2)$$

式中，B 为投标人的综合得分，$B = F_1 \cdot A_1 + F_2 \cdot A_2 + \cdots + F_n \cdot A_n$；$F_1$，$F_2$，…，$F_n$ 分别为除价格因素以外的其他各项评分因素的汇总得分；A_1，A_2，…，A_n 分别为除价格因素以外的其他各项评分因素所占的权重（$A_1 + A_2 + \cdots + A_n = 1$，且为正数）；$N$ 为投标人的投标报价。

2. 公共基础设施 PPP 项目的评标方法

公共基础设施 PPP 项目常用的招标评标方法主要有 3 种。

(1) 最短运营年限评标法。这种方法的评标过程简单，可最大限度地减少人为因素，加剧投标者之间的竞争，但并不一定能够完全反映投标者的整体综合实力。

（2）最低收入现金净现值评标法，即当特许权中标者从项目中所得净收益的净现值达到投标值时，特许经营期终结，项目移交政府。这种方法所选中标者的特许期将随特许权人的收入状况变化，但不能激励特许权人缩短建设工期，也不能激励特许权人通过改进服务的方式来增加收入。

（3）综合评标法，即综合考虑投标者对标的响应程度以及在融资、设计、建设和运营维护等方面所提出的方案，以此进行评审。该方法的优势在于适用面广，能够全面综合判断投标者的情况，但不能排除评标过程中的人为因素。

鉴于公共基础设施 PPP 项目中政府投资大、建造和运营周期长、外部社会与环境影响大、合同和融资关系复杂等特点，政府实施项目的目标不应当是单一的经济目标，而应综合考虑效率、公平、福利、环保、可持续发展等目标，因此综合评标法是最适合用于公共基础设施 PPP 项目的评标方法。

在对具体项目进行评标时，需要重点考虑 3 个方面，即社会指标、投标联营指标和项目成本指标。

社会效益指标主要反映 PPP 项目的社会效益，在评标时应主要考察投标者基于政府或其代理机构所发布的招标文件而提出的优化方案或改进方案，包括项目的建设运营、服务、维护水平的提高，对项目影响区域的经济促进作用，项目环境保护措施和项目安全管理措施等。

投标联营体指标主要反映投标企业的情况，考核指标包括项目投标联营体各方的资信情况、社会声誉和业界声誉、企业组合搭配、财务业绩、投标担保等。项目成本指标是对特许经营期限、建设成本、运营成本、融资成本（可折算为单位产量或服务的综合成本或收费价格）、投资回报率等方面的全面考核。

由于项目的社会效益指标难以量化，因此，应用综合评标法时常常需要借助层次分析法，即建立项目评标指标的递阶层次结构。通过各个层次内两两指标的相对重要性比较以及适当的计算方法来确定各指标的权重，进而利用综合评标法确定每个投标方案的综合值，以选择有竞争力的中标者。

6.2 秭归长江公路大桥 PPP 项目招标采购

6.2.1 秭归长江公路大桥 PPP 项目采购准备

PPP 项目采购阶段主要是项目实施机构采购社会资本的过程，通常是通过第三方咨询或招标代理机构完成的。此阶段，投资管理的重点是控制采购费用，合理确定合同价格和合同条件。

合理控制采购费用就要在项目采购前，根据市场调查或对社会资本方问询的结果，确定采购的条件与形式，提高采购的成功率，减少不必要的支出与浪费。同时，做好招标控制价，控制项目总投资。

合理确定合同价格和合同条件是指在中标通知书发出后，政府与社会资本合同谈判的过程中，在保持社会资本市场化收益及采购方基本要求下，实现合同价格和条件的最优化，约定合同价款包括的风险费用和承担风险的范围，减少无效冗长的谈判。

秭归长江公路大桥项目对于秭归县政府来说，是三峡大坝建成后的头等重要的规划项目，数届县政府领导班子和各主管部门为此做了大量的规划、可行性研究以及招商引资工作。在县政府研究确定采用 PPP 模式建设秭归长江公路大桥后，秭归县政府专门成立秭归长江公路大桥建设领导协调小组和建设指挥部，成立了秭归县屈乡交通建设开发有限公司承接政府资金，做好 PPP 项目采购准备工作，在秭归长江公路大桥 PPP 项目采购中，秭归县采取的方法、步骤、程序和取得的成果如下所示。

1. 秭归长江公路大桥 PPP 项目采购前沟通

当 PPP 项目准备及架构设计等工作完成后，就进入项目采购阶段。此时，项目实施机构应及时到位，确保整个采购过程平稳透明，实施及时。在项目采购阶段，有必要与有参与意向的潜在社会资本就交易设计的具体细节进行更正式的沟通。在沟通中，项目实施机构需要防范部分社会资本为自身利益对设计和流程进行操纵。同时，也应保证参与前期沟通的社会资本在竞争时没有任何额外优势（如附加量身定做的信息）。项目实施机构应与行业利益相关者进行广泛沟通，避免偏向任何参与竞争的社会资本。

为提高项目的可操作性，秭归长江公路大桥 PPP 项目实施机构与潜在社会资本的沟通主要进行以下两个具体内容，收效良好。

（1）竞标会议。在竞标会议上，项目实施机构介绍项目概要，社会资本则应邀提出自己的意见和问题。在竞争对手集中的正式场合，一些社会资本可能会对部分焦点问题的解决方案有所隐瞒；同时也可能与其他竞标人串通以推动特定条件的调整。

（2）招标文件协商。除了竞标会议，社会资本可能会应邀单独就招标文件草案（包括合同草案）发表意见。这种方法可使政府了解各个社会资本所关切的问题。在此过程中，项目实施机构应向各社会资本发送所有问题的全部回复，从而避免给社会资本形成任何偏袒的印象。对于社会资本期望明确了解的项目内容纳入标准规模、项目实施计划等信息，项目实施机构可以有选择地予以提供。通过这类活动可以增加本项目投标过程的透明度，增强社会资本的信心。

2. 秭归长江公路大桥 PPP 项目市场测试

在秭归长江公路大桥 PPP 项目正式采购程序启动前，项目实施机构可采取市场测试，以检验本项目方案设想是否符合市场参与主体（如潜在竞标人、融资机构）的意愿，能否引发其兴趣。借此获得各类市场参与主体的反馈，这是对PPP项目实施方案进行调整和完善的一种有效措施。

一般而言，政府方在PPP采购程序启动前，会在内部进行有关PPP项目结构费价政策、投资回报模式、风险分担和其他边界条件的详细设计和可行性论证。但所有这些预测，即使聘请有经验的专家顾问协助，也可能与市场参与者的期望和要求存在差距。因此，政府方希望通过与市场参与主体的非正式沟通，了解他们的兴趣愿望和要求，同时又不承担正式采购程序中要约邀请方的法律责任。当然，对于市场主体的这些反馈意见，政府方拥有完全的决定权决定采纳多少。

这一做法，类似于投行并购业务中卖方和卖方顾问准备的一种早期推介材料的作用，用来吸引和试探市场中买方的兴趣，又不至于泄露有保密责任约束的敏感信息。

1）市场测试必要性

如前所述，市场测试如同政府方释放的"探空气球"，用以了解外部市场私营部门的"风向"变化和"气温"高低。市场测试对运作PPP项目，带来以下几种益处。

（1）政府方无须承担高成本，既可了解市场参与主体的态度，又可提高PPP项目实际推向市场后的成功率。PPP项目尤其是大型复杂的项目，正式启动采购程序成本非常高昂：工程技术可行性研究各种专业中介机构（交易顾问团队），如财务、商务、法律、风险等，无论项目成功与否，都需要支付费用，政府相关部门也要投入大量人力、物力协调；如果设计的项目结构和条件不符合市场预期，损失的不仅是这些前期费用，还有政府方的政治声誉。

（2）提供更早的纠错机会，甚至可以据此终止PPP项目采购。设计合理且程序得当的市场测试，能提供来自市场的有效反馈，很好地识别PPP项目方案的设计问题。市场测试可发现对推介项目感兴趣的投资者数量，根据投资者数量又可明晰未来的竞争激烈程度，并弄清潜在投资者对PPP初步方案的意见主要集中在哪些方面。

政府可以进一步分析和完善 PPP 项目实施方案，让方案更加契合市场需求。甚至，在政府方发现无法满足市场的普遍期待时，可以据此终止计划中的 PPP 项目采购程序，避免强行推进造成更大损失或形成进退两难的局面。

(3) 市场测试也给市场参与主体提供了了解政府的项目目标和意图的好机会，投资者可以开展细致研究，组建更有实力的联合团队，做出合理决策。市场参与主体自然希望更早地了解政府对 PPP 项目设置的目标和运作意图，留出更多时间做详细评估；同样，在需要组建投标联合体的情况下，市场主体需要大量前期协调时间。

国内已有的 PPP 项目采购实践中，不仅缺乏市场测试的环节，而且自发布采购公告到递交文件截止日的时间安排也比较短，投资者往往紧张地收到招标文件，匆忙地编写投标文件，很少有时间仔细研究并反馈合理意见。政府采购方如此"闭门造车"地设计 PPP 实施方案和采购文件，大大降低了寻找到高素质投标人的可能性，给 PPP 项目成功采购和后续项目的顺利实施打了折扣。

2) 市场测试方法

高质量的市场测试工作中，政府方通常需要考虑的问题包括邀请谁参与、遵循什么原则、准备什么文件、何时安排何人介绍、关注记录哪些信息等。

一般来说，经历过类似的 PPP 项目市场测试的成熟投资者是理想的市场测试参与方，他们往往能提供高质量的反馈信息。所以在发布市场测试公告信息后，政府方应该要求交易顾问凭借其经验和业内人脉资源，邀请一批有经验的投资机构参加市场测试。另外，除了 PPP 项目的潜在投资者之外，融资机构也是重要的利益关联者，其对 PPP 项目的理解、认可和支持及对 PPP 最终成功的影响很大，也是市场测试的主要对象，政府方甚至可以专门为其设计和组织市场测试。

市场测试为采购方和潜在竞标者提供一个在进入正式采购程序前的非正式沟通机会。市场测试应该遵循一些基本原则，避免影响后续的公平竞争。市场测试前，政府方要明确告知潜在投资者参与市场测试，但是不参加市场测试的投资者仍有资格参与正式的采购程序，而参与了市场测试的投资者也不会因此得到特别的优待。政府方还应该告知，投资者不会因在市场测试时提出的问题而遭到政府方的歧视。涉及投资者商业机密的讨论，政府可以安排一对一沟通。

总之，政府应给予有意愿参与市场测试的投资者比较宽松的沟通环境，从而获得积极的、真实的、有价值的反馈意见。此外应该声明，市场测试并不是正式采购程序的组成部分，政府方提供的方案信息仍然可能进一步修改。

政府方及其交易顾问为市场测试准备的文件主要有市场测试公告、项目简介、PPP项目初步方案和参与者反馈表。PPP初步方案主要包含项目技术经济指标、产出说明、投融资结构、回报机制、风险分担、合同结构、重要条款、采购及实施日程计划。如果是针对融资机构的市场测试，所需文件基本相同，内容方面根据影响项目可融资性的要素有所调整。重要的是政府方交易顾问应该根据市场测试的全部信息，提交一份最终建议给政府PPP执行机构，供采购决策和编制采购文件时参考。

过早或过晚进行市场测试，效果都不会最理想。过早举行的市场测试，政府方对PPP项目的范围边界和风险分配设想还比较模糊。政府自身尚未想清楚，自然难令潜在投资者对此项目的质量和政府准备工作有信心。过晚的市场测试，可能导致其他未参加市场测试的潜在投资者感到受不公正待遇，甚至认为政府可能已经内定私营合作伙伴。

市场测试时政府方需要组织与PPP项目相关的工程顾问、前期工作责任部门、行业监管部门参与市场测试，交易顾问团队中的PPP专家、行业专家、法律专家、采购专家是市场测试工作的组织者和协调者。

意向投资者在市场测试环节提供的口头和书面反馈都应该被详细记录整理，包括参与者的企业基本信息、类似项目经验、感兴趣的项目、对项目方案的建议和意见等。切忌让参与者将信息全部填写在同一份文件中，相反应该分别提供单独表格供其填写，收回后进行内部汇总。在公开问答环节，应该事先安排人员对所提问题与答复做速记整理。给有特别要求的投资者提供一对一的沟通机会，记录沟通过程并整理出纪要存档。

6.2.2 秭归长江公路大桥 PPP 项目采购模式的选择

1. 秭归长江公路大桥 PPP 项目采购模式的选择

按照《中华人民共和国政府采购法》《关于政府和社会资本合作项目政府采购管理办法的通知》(财库〔2014〕215 号)(以下简称《财政部采购办法》)等法律法规，PPP 项目采购是政府为达成权利义务平衡以及物有所值的 PPP 项目合同，遵行公开、公平、公正和诚实信用原则，依法选择社会资本合作伙伴(供应商)的过程。采购方式包括公开招标、邀请招标竞争性谈判、竞争性磋商和单一来源采购。项目实施机构应当根据 PPP 项目采购需求特点，依法选择适当的采购方式。

秭归县人民政府针对秭归长江公路大桥的性质和特点选择了湖北省省级政府采购竞争性磋商采购模式。

2. 秭归长江公路大桥 PPP 项目竞争性磋商文件编制

竞争性磋商文件包括以下内容：

第一章 磋商邀请函。

第二章 供应商须知。包括：说明、磋商文件、磋商响应文件的编制和数量、磋商响应文件的递交、竞争性磋商程序、授予合同、适用法律、磋商文件的解释权。

第三章 采购项目技术规格、参数及要求。包括：项目基本情况说明、采购相关要求、项目技术服务要求、磋商时可谈判和不可变动的内容、付款方式及其他。

第四章　合同书。

第五章　评审办法。

第六章　磋商响应文件格式。

响应文件由以下十四部分组成(参考格式)：附件一，响应函；附件二，磋商响应报价一览表；附件三，技术(商务)响应偏离说明表；附件四，法定代表人授权书；附件五，法定代表人授权书；附件六，交纳磋商保证金或保函凭证；附件七，供应商的资格声明；附件八，项目负责人简历表；附件九，项目负责人业绩情况表；附件十，供应商财务状况表；附件十一，投融资能力表；附件十二，项目公司股权架构图；附件十三，项目实施计划；附件十四，交通部项目初步设计的批复。

6.2.3　秭归长江公路大桥 PPP 项目竞争性磋商

《招标投标法》《招标投标法实施条例》《政府采购法》《政府采购法实施条例》《政府采购货物和服务招标投标管理办法》《政府和社会资本合作模式操作指南》(试行)、《财政部采购办法》规定了通过公开招标及邀请招标方式(包括竞争性磋商)采购 PPP 项目的具体操作流程，如图 6-1 所示。

(1)资格审查。在进行竞争性磋商采购之前，首先应对投标的投标人进行资格预审，从符合条件的投标人之中邀请 3 家以上的投标人进行磋商。

(2)采购公告发布及报名。竞争性磋商公告应在省级以上人民政府财政部门指定的媒体上发布。竞争性磋商公告应包括：项目实施机构和项目名称，项目结构和核心边界条件，是否允许未进行资格预审的社会资本参与采购活动以及审查原则，项目产出说明，对社会资本提供的响应文件要求，获取采购文件的时间、地点、方式及采购文件的售价，提交响应文件截止时间、开启时间及地点。提交响应文件的时间自公告发布之日起不得少于 10 日。

采购人或采购代理机构应当从省级以上财政部门建立的供应商库中

随机抽取，或者由采购人和评审专家分别以书面推荐的方式邀请不少于3家符合相应资格条件的投标人，参与竞争性磋商采购活动。在下述情况下，参与采购的供应商最低数量可以为两家：一是市场竞争不充分的科研项目，以及需要扶持的科技成果转化项目；二是在采购过程中符合要求的投标人只有两家。如采购过程中符合要求的投标人只有1家，采购人、采购代理机构应当终止竞争性磋商采购活动，并发布项目终止公告说明原因，重新开展采购活动。

（3）发售采购文件。采购文件的售价，应按照弥补采购文件印制成本费用的原则确定，不得以营利为目的，不得以项目采购金额作为确定采购文件售价的依据。采购文件的发售期限自开始之日起不得少于5个工作日。

（4）采购文件的澄清或修改。在提交首次响应文件截止之日前，项目实施机构可以对已发出的采购文件进行必要的澄清或修改，澄清或修改的内容应作为采购文件的组成部分。澄清或修改的内容可能影响响应文件编制的，项目实施机构应在提交首次响应文件截止日期至少5日前，以书面形式通知所有获取采购文件的社会资本；距截止日期不足5日的，项目实施机构应顺延提交响应文件的截止日期。

（5）响应文件评审。项目实施机构应按照采购文件规定，组织响应文件的接收和开启。评审小组对响应文件进行两阶段评审。

（6）签署谈判备忘录、发出中标通知书、公示中标结果及拟定合同文本，政府对合同进行审核、公告及备案。

采购人或者采购代理机构应当在确定中标人后的2个工作日内，在省级以上财政部门指定的政府采购信息发布媒体上公告中标结果，同时向中标人发出中标通知书，并将磋商文件随中标结果同时公告。成交结果公告应当包括：采购人和采购代理机构的名称、地址和联系方式；项目编号和项目名称、地址、标准、规模、工期、质量要求等项目关键内容；中标人名称、地址和中标价；磋商小组成员名单。

6.2.4 秭归长江大桥 PPP 项目评标办法

根据《政府采购法》《政府和社会资本合作项目政府采购管理办法》《政府采购竞争性磋商采购方式管理暂行办法》等规定确定了以下评审办法、步骤及标准。

1) 评审权重

本项目采用综合评分法，其中价格权重30%，商务权重70%。

2) 评审步骤

磋商小组按以下工作程序进行磋商及评审。

(1) 响应文件初审。初审又分为资格审查和符合性检查。

a. 资格审查：本项目已进行资格预审，初审时不再进行资格审查。

b. 符合性检查：依据磋商文件的规定，对响应文件的有效性、完整性和其对磋商文件的响应程度进行检查，以确定该文件是否对磋商文件的实质性要求做出响应。在做符合性检查时，出现下列情形之一的情况将视作无效响应：

①磋商报价超过本项目政府补贴性投资金额的；

②未按要求递交磋商保证金的；

③磋商有效期不足的；

④响应文件无法定代表人签字(盖章)或签字(盖章)人无法定代表人有效授权的；

⑤响应文件不满足磋商文件的实质性要求的。

(2) 磋商中，任何一方不得透露其他供应商的技术资料、价格等信息。磋商小组对磋商过程进行记录，磋商双方在记录上签字确认。

a. 第一轮磋商：磋商小组与通过初审的单一供应商分别就采购需求、质量和服务、价格等进行磋商，以响应磋商文件的实质性要求为标准，确定有效的供应商。第一轮磋商小组未能确定最终需求方案或有效供应商的，对磋商文件修正后进行第二轮磋商。

b. 第二轮磋商。

①第一轮磋商结束后,磋商小组根据第一轮磋商的情况,可以对磋商文件进行修改,确定采购内容的详细规格或具体要求,优化采购方案并以书面形式将修改后的磋商文件发给参与磋商的供应商。

②供应商应在规定的时间内对修改后的磋商文件进行书面响应,否则视为放弃磋商。

③磋商小组就修正后的响应文件与通过初审的供应商分别进行磋商。磋商小组按磋商文件设定的方法和标准确定供应商。

第二轮磋商小组未能确定最后需求方案的,对磋商文件修正后进行第三轮磋商,依此类推。最终采购需求方案确定后,供应商在规定时间内提交最终报价。

(3)评审:供应商提交最终报价后,由磋商小组对最终响应文件进行综合评分。

a. 比较与评价响应文件。

①商务评议:磋商小组只对通过资格审查和符合性检查的响应文件,进行商务评议,并依据本章"评审标准"中的分值进行评估,综合比较和评分。

②价格评议:磋商小组只对通过资格审查和符合性检查的响应文件进行价格评议。报价分采用低价优先法计算,即满足磋商文件要求且报价最低的价格为磋商基准价,其报价分为满分。其他供应商的报价分按照下列公式计算:

$$磋商报价得分 = \frac{磋商基准价}{最后磋商报价} \times 30 \qquad (6-3)$$

③计分办法:政府采购中心工作人员负责对评分进行复核和汇总,各项统计结果均精确到小数点后两位;各供应商的最终得分为各评审专家所评定分数的算术平均值。

b. 推荐成交供应商排序名单。

①磋商小组依据评审结果对评分汇总情况进行复核,根据相关规定,按各供应商的最终得分由高到低的顺序向采购人提供候选供应商排

序，并形成书面的评审报告。

②得分相同的供应商，按磋商报价由低到高顺序排列。

③采购人将组织采购结果确认谈判。工作组按照评审报告推荐的排名，依次与各供应商就项目合同中的可变细节问题，进行合同签署前的确认谈判。

3) 评审标准

秭归长江公路大桥 PPP 项目招标采购评审标准如表 6-2 所示。

表6-2　秭归长江公路大桥 PPP 项目招标采购评审标准

项目	评审内容	分值	评分标注
1	建设期政府补助额	30	磋商报价得分 $=\dfrac{磋商基准价}{最后磋商报价}\times 15$ 满足磋商文件要求且最后报价最低的供应商的价格为磋商基准价。磋商报价最高限额为 9 亿元(含注册资本 2500 万元)
2	收费期限	10	收费期为 20 年得 10 分。若项目收费期达到 2/3 时，经过评估项目收益不能收回建设成本、运营成本及贷款利息等费用，则供应商要求延长收费期限的，每延长 6 个月，扣 1 分。收费权延长期最长为 5 年，超过 5 年的为无效报价
3	财务状况	4	注册资金：供应商(联合体牵合计)注册资金 3 亿元以下的不得分；等于 3 亿元的得 2 分；高于 3 亿元的，每高出 1 亿元(整数倍)的增加 0.5 分，本项最高得 4 分
		2	资产负债率：供应商(联合体牵头人)2014 年末资产负债率为 90%及以上的不得分；资产负债率为 90%以下，每降低 1%(整数倍)的增加 0.1 分。本项最高得 2 分
		4	净资产：供应商(联合体牵合计)2014 年末净资产达到 5 亿元及以下的不得分；净资产 5 亿元以上的，每高出 1 亿元(整数倍)的增加 1 分。本项最高得 4 分

续表

项目	评审内容	分值	评分标注
4	融资能力	10	提供金融机构为本项目出具的融资意向书或存款证明金额在12亿元及以上的得5分
5	投融资业绩	5	供应商2007年以来每承担一项基础设施建设投融资额15亿元及以上的项目得1分。本项最高得5分
6	公司组建方案	5	项目公司机构设置方案（必须满足项目筹融资、工程建设、营运管理要求）优的得3分，合格的得2分，不满足的不得分。项目负责人具有高级职称的得1分；项目负责人具有公路项目投融资经验的得1分
7	项目运营	5	营运方案：供应商提交的营运方案，完全响应《特许经营权合同》第12条的得5分；不响应的不得分
7	项目运营	10	营运期补助：经营期前5年政府补助额度每年2000万元的基础上每降低10%得1分，本项最高得10分
7	项目运营	6	超额分成界限：供应商承诺超额营运方案利润率区间为8%～11%。根据比例计分，本项最高得6分
7	项目运营	4	超额分成比例：在5∶5的基础上，供应商每降低10%得1分，本项最高得4分
8	项目移交	5	完全响应《特许经营权合同》第18条、第19条的得10分；不响应的不得分

4）秭归长江公路大桥PPP项目评审程序

PPP项目采购属政府采购的范畴，主要流程如下：

（1）投标文件初审。初审分为资格性检查和符合性检查。

①资格性检查：依据法律法规和招标文件的规定，对投标文件中的资格证明，投标保证金等进行审查，以确定供应商是否具备投标资格。

②符合性检查：依据招标文件的规定，从投标文件的有效性、完整性和对招标文件的响应程度进行审查，以确定供应商是否对招标文件的

实质性要求做出响应。

（2）澄清有关问题。对投标文件中含义不明确、同类问题表述不一致或有明显错误的内容，评标委员会可以书面形式（应当由评标委员会专家签字）要求投标人做出必要的澄清说明或者纠正。投标人的澄清说明或者补正，应当采用书面形式，由其授权的代表签字，并不得超出投标文件的范围或者改变投标文件的实质性内容。

（3）比较与评价。按招标文件中规定的评标方法和标准，对通过资格性检查和符合性检查的投标文件进行商务和技术评估，综合比较与评价。

（4）推荐中标候选供应商名单，中标候选供应商数量应当根据采购需要确定。推荐中标候选供应商应遵循以下规则排序。

①采用最低评标价法的，按投标报价由低到高的顺序排列。投标报价相同的，按技术指标优劣顺序排列。如果评标委员会认为排在前面的中标候选供应商的最低投标价中的某些分项报价，明显不合理或者低于成本，有可能影响商品质量，导致不能诚信现约的，应当要求其在规定的期限内提供书面文件于以解释说明，并提交相关证明材料。否则，评标委员会可以取消该投标人的中标候选资格，按顺序由排在后面的中标候选供应商递补，以此类推。

②采用综合评分法的，按评审后得分由高到低的顺序排列。得分相同的，按投标报价由低到高的顺序排列。得分和投标报价相同的，按技术指标优劣的顺序排列。

③采用性价比法的，按商数得分由高到低顺序排列。商数得分相同的，按投标报价由低到高的顺序排列。商数得分且投标报价相同的，按技术指标优劣的顺序排列。

（5）编写评标报告。评标报告是评标委员会根据全体评标成员签字的原始评标记录和评标结果编写的报告，其主要内容包括：刊登招标公告的媒体名称，开标日期和地点，购买招标文件的投标人名单和评标委员会成员名单，评标方法和标准，开标记录和评标情况及说明，无效投标人名单及原因，评标结果和中标候选人排序表，评标委员会的授标建议。

对于采用单一来源采购方式的，在第三阶段谈判过程中，单一来源采购文件若有实质性变动，评审小组将以书面形式通知参加谈判的供应商。谈判双方对价格进行商定，谈判小组有权接受或拒绝报价。

采用竞争性磋商方式的，评审小组对响应文件进行两阶段评审。第一阶段：确定最终采购需求方案。评审小组可以与社会资本进行多轮谈判，谈判过程中可实质性地修订采购文件的技术、服务要求以及合同草案条款，但不得修订采购文件中规定的不可谈判核心条件。实质性变动的内容，须经项目实施机构确认，并通知所有参与谈判的社会资本。具体程序按照《政府采购非招标方式管理办法》及有关规定执行。第二阶段：综合评分。最终采购需求方案确定后由评审小组对社会资本提交的最终响应文件，进行综合评分，编写评审报告并向项目实施机构提交候选人的排序名单，具体程序按照《政府采购货物和服务招标投标管理办法》及有关规定执行。

此外，在评标中，不得改变招标文件中规定的评标标准方法和中标条件。当投标文件属下列情况之一的，应当在资格性、符合性检查时，按照无效投标处理：①未交投标保证金的；②未按照招标文件要求密封、签署、盖章的；③不具备招标文件中规定要求的资格；④不符合法律、法规和招标文件中规定的其他实质性要求的。

第 7 章 秭归长江公路大桥 PPP 项目建设管理

7.1 PPP 项目建设管理模式

组织职能是管理职能中的一项重要的基本职能。PPP 模式把政府与社会资本融为一体，项目管理复杂化、多样化。运营管理好一个项目，需要众多参与单位和个人的共同努力，这便形成了 PPP 项目组织机构。

组织机构是重要的生产要素之一，它与其他要素相比有明显特点：其他要素可以互相替代，如增加机器设备可以替代劳动力，而组织机构不能替代其他要素，也不能被其他要素所替代。组织机构是使其他要素合理配合而增值的要素，组织机构的作用是提高其他要素的使用效益。

7.1.1 PPP 项目管理的基本原则

（1）风险共担与最优分配原则。公路工程 PPP 项目是国家和社会公共基础设施建设项目，公共基础设施项目首先体现的是国家与社会公共利益的最大化，在此基础上给予社会投资企业长期、稳定、合理的投资回报。因此，PPP 模式致力于在政府和社会资本间，实现风险共担与分配最优，而非政府风险转移的最大化。不恰当的风险转移可能会危及合作关系的长期稳定性。在受制于法律约束和考虑公共利益的前提下，风险应分配给能够以最小成本(对政府而言)以及最有效管理它的一方承担,并且给予风险承担方选择如何处理和最小化该类风险的权力。

(2)全寿命周期投入产出社会效益最大化原则。公路工程全寿命周期的投入指的是建设养护管理的成本,产出则是社会经济效益。PPP项目为响应服务需求,达成期望成果,在项目建设完成后,项目资产所达到的各项物理、技术、经济标准和各项服务的交付范围、绩效水平,这些都是公路工程PPP项目的产出。产出导向要求PPP项目应关注公共服务的产出绩效(通过产出说明与规范进行定义),而非公共服务的交付方式。因此,应保留社会资本选择如何交付项目资产和相关服务的灵活性,使之实现全寿命周期投入产出社会效益最大化。

(3)全面履约原则。要实现公路工程PPP项目的目标,应确保利益相关方对PPP项目协议的全面履行。PPP项目履约管理的目的包括:帮助政府克服信息不对称的劣势,保护社会公众免受竞争不足的危害;确保项目风险合理分配与转移;保护社会资本免受政府机会主义行为的困扰;激励社会资本提高绩效,达到长期稳定可持续发展。实质上,政府始终是PPP项目的所有者,因为当项目发生实质性违约,导致公私合作伙伴关系终止时,政府将不可避免地承担起提供核心公共服务的责任。尽管非实质性违约通常不会导致合作伙伴关系终止,并且在违约事件发生后存在相应的救济机制,但履行纠正义务通常需要花费比履约监管更大的成本。

7.1.2 PPP项目组织机构要素

我国推行的PPP模式,是由政府承担规划与监督,企业资本承担设计、建设、运营、维护,社会承担监理,而公众参与其中的公共基础设施工程项目。组织机构的各要素包括政府、社会资本融资方、承包(分包)商、供应商、设计与监理单位、保险公司以及其他参与方。PPP项目组织机构各要素关系示意图如图7-1所示。

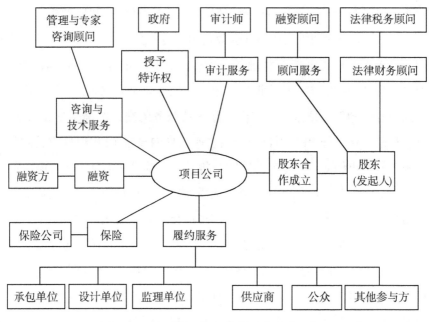

图 7-1　PPP 项目组织机构各要素关系示意图

1. 政府方

政府方包括中央政府和地方政府的发展与改革部门、城乡和住房建设部门、交通运输部门、国土资源部门、环境保护部门、安全生产管理部门等相关部门。PPP 项目的政府方不仅是建设项目投资方之一，还具备属地管理的职责和义务。

其一，政府方负有向公众提供优质且价格合理的公共产品和服务的义务，承担 PPP 项目的规划、采购、管理、监督等行政管理职能，并在行使上述行政管理职能时形成与项目公司(或社会资本)之间的行政法律关系。

其二，作为公共产品或服务的购买者(或者购买者的代理人)，政府基于 PPP 项目合同形成与项目公司(或社会资本)之间的平等民事主体关系,按照PPP项目合同的约定行使权利、履行义务。政府在项目公司中的持股比例应当低于50%,且不具有实际控制权及管理权。

为便于区分政府的不同角色,当政府或政府授权机构作为PPP项目合同的一方签约主体时,统称为政府方。政府方指定实施机构,具体负责PPP项目的实施与监管。

其三,政府方在履行属地管理职能上,还应从宏观上、行政上对建设项目进行管理,其目标是保证PPP项目符合国家的经济和社会发展的要求,维护国家经济安全,监督项目建设活动,保障社会公众利益。

2. 社会资本方

PPP项目的社会资本方是PPP项目的实际投资人,与政府方签署PPP项目合同,组建项目建设公司。项目公司是依法设立的自主运营且自负盈亏的具有独立法人资格的经营实体。项目公司可以由社会资本(可以是一家企业,也可以是多家企业组成的联合体)出资设立,也可以由政府和社会资本共同出资设立。在项目建设管理中,项目公司主要责任是对项目建设实行全过程、全方位的管理,保证项目建设总体目标的实现,并承担项目的风险以及经济、法律责任。

3. 融资方

PPP项目的融资方通常有商业银行、出口信贷机构、多边金融机构(如世界银行、亚洲开发银行等)以及非银行金融机构(如信托公司)等。根据项目规模和融资需求的不同,融资方可以是两家金融机构,也可以是由多家银行或机构组成的银团。具体的债权融资方式除贷款外,也包括债券资产证券化等。

4. 工程勘察设计单位

PPP项目公司组建后,通过招投标的形式选取项目工程勘察设计单位。投标的勘察设计单位应具备与PPP项目等级、规模相适应的设计资质，中标后与PPP项目公司签订设计服务合同。PPP项目设计还必须接受政府和社会公众的监督，保证PPP项目的设计满足社会公共基础设施项目基本要求。

5. 承包商和分包商

在PPP项目中，承包商和分包商的选择是影响工程成败的关键因素，其技术水平、资历、信誉以及财务能力在很大程度上会影响贷款人对项目的商业评估和风险判断，是项目能否获得贷款的一个重要因素。

承包商主要负责项目的建设，通常与项目公司签订固定价格、固定工期的工程总承包合同。一般而言，承包商要承担工期延误、工程质量不合格和成本超支等风险。

对于规模较大的项目，承包商可能会与分包商签订分包合同，把部分工作分包给专业分包商。根据具体项目的不同情况，分包商从事的具体工作可能包括设计、部分非主体工程的施工、技术服务以及供应工程所需的货物材料、设备等。承包商负责管理和协调分包商的工作。

6. 监理单位

PPP项目公司组建后，通过招投标的形式选取项目建设监理单位，监理单位首先要具备与PPP项目的规模和等级相适应的监理资质，同时要为中标的PPP监理项目配备与建设管理内容相匹配的各类监理人员，对所监理的PPP项目实现投资控制、质量控制、进度控制、合同管理、信息管理、安全监督、环保监督和施工组织管理与协调服务。

7. 材料与设备供应商

在公路工程PPP项目中，及时、充足、稳定的材料供应对项目的平稳运营至关重要，因此材料与设备供应商也是这类项目的重要参与方之一。例如，在以某种原材料为支撑的项目中，为了保证其原材料的稳定供应，项目公司通常会与该供应商签订长期供应协议。

8. 保险公司

PPP项目通常资金规模大、生命周期长，在项目建设和运营期间面临各类难以预料的风险，因此项目公司以及项目的承包商、分包商、供应商、运营商等通常会就其面临的各类风险向保险公司投保，以进一步分散和转移风险。由于项目风险一旦发生，就有可能造成严重的经济损失，因此PPP项目对保险公司的资信有较高要求。

9. 其他参与方

除上述参与方之外，开展PPP项目还必须充分借助投资、法律、技术、财务等专业机构的专业技术力量，如工程咨询、招标代理、造价咨询单位等工程技术服务机构。因此，PPP项目的参与方通常还会包括上述参与方。

7.1.3 PPP项目实施机构要素功能

根据国家发展和改革委员会等令《基础设施和公用事业特许经营管理办法》(六部委令〔2015〕第25号)规定，县级以上人民政府或其授权的有关职能部门或事业单位可作为项目实施机构，负责项目准备、采购、监管和移交等工作。实施机构的主要功能职责如下。

(1)实施机构根据已经审定的特许经营项目实施方案，通过招标、竞争性谈判等方式选择特许经营者。

(2)实施机构应当择优选择具有相应管理经验、专业能力、融资实力并且信用状况良好的法人或者其他组织作为合作伙伴——特许经营者。鼓励金融机构与参与竞争的法人或其他组织共同制定投融资方案。

(3)实施机构应依法选定特许经营项目实施方案，通过招标，与中标者签订特许经营协议。

(4)实施机构应当与特许经营者办理相关手续。

(5)除法律、行政法规另有规定外，实施机构应当履行特许经营协议约定义务并符合约定要求，否则应当根据协议继续履行、采取补救措施或者赔偿损失。

（6）实施机构应当在特许经营活动和监督管理工作中，对知悉的特许经营者商业秘密保密。

（7）实施机构和特许经营者，应当对特许经营项目的建设、运营、维修、保养过程中产生的有关资料，按照规定进行归档保存。

（8）实施机构应当按照特许经营协议严格履行义务，为特许经营者建设、运营特许经营项目提供便利和支持，提高公共服务水平。

（9）实施机构应根据特许经营协议，定期对特许经营项目的建设运营情况进行监测分析，会同有关部门进行绩效评价，建立根据绩效评价结果，依照特许经营协议约定，对价格或财政补贴进行调整，保障所提供公共产品或公共服务的质量和效率。实施机构应当将社会公众意见作为监测分析和绩效评价的重要内容。

（10）实施机构和特许经营者应当将特许经营项目实施方案、特许经营协议及其变更或终止信息、项目建设运营所要求的公共服务标准、监测分析和绩效评价、经过审计的上年度财务报表等有关信息按规定向社会公开。

（11）实施机构和特许经营者应当制定突发事件应急预案，按规定报有关部门。突发事件发生后，及时启动应急预案，保障公共产品或公共服务的正常提供。

7.1.4 PPP 项目承接主体要素的准入条件

公路工程 PPP 项目具有典型的公共基础设施项目特色。PPP 项目的成功，首先是选准、选好 PPP 项目承办方（社会资本）。因此，需要政府部门按照公路工程 PPP 项目特点、特性，规范和设置必要的社会投资人准入门槛，保障社会大众和政府的权益。准入条件一般应主要包括如下 6 项。

(1) 信用与信誉良好。投资人要具有独立法人资格；有良好的银行资信、财务状况及相应的偿债能力；重合同、守信用，具有社会责任感。

(2) 具有建设营造、经营管理、运营维护同类工程的资质与经验。投资人或投资人组成的联合体要有良好的业绩与技术能力，必须具备相应的专业资质资格，经验丰富。

(3) 资金充足，具有较强的财务与融资能力。投资人要具备良好的财务实力与融资能力，具有良好的银行资信财务状况和相应的偿债能力以及同类项目成功的盈利模式和竞争模式。

(4) 专业知识与技术力量雄厚。投资人要具备专业的 PPP 人才、技术人才、财经人才与管理人才团队。

(5) 设备配置等要素实力良好。投资人要拥有专业的设备及完成服务所必需的其他重要资源。

(6) 质量安全管理体系完善。投资人近 3 年内没有发生过重大生产安全和质量事故，投资人主动防范意识强、措施得力，合规性较好。能遵从合同合法、合规运营。

在设置具体 PPP 项目准入条件时，应遵循"公开、公平、公正"的原则，根据项目的实际情况，保证准入条件设置的规范、合理和可操作性。PPP 项目本身应满足以下几个条件。

①适宜采用政府和社会资本合作模式，具有相对灵活的价格调整机制，市场化程度相对较高，投资规模相对较大，需求长期稳定等。

②投资总额和期限符合要求，项目投资总额原则上不低于 3.0 亿元。合作期限原则上不低于 20 年。

③项目能建立清晰的风险分担机制，原则上项目设计、建设、财务、运营维护等责任由社会资本承担，政策和法律变更、最低需求等责任由政府承担。

7.2 PPP 项目筹备工作

PPP 项目准备阶段包括 3 个部分：管理架构组成、实施方案编制、实施方案审核。

7.2.1 PPP 项目建设管理构架

1. PPP 项目建立协调机制

县级（含）以上地方人民政府成立 PPP 项目工作小组，主要负责项目评审、组织协调和检查督导等工作，实现简化审批流程、提高工作效率的目的。

2. PPP 项目实施机构

项目实施机构主要负责项目准备、项目采购、项目监管以及项目移交等工作。在项目准备阶段，项目实施机构主要负责编制项目实施方案或项目可行性研究报告；在项目采购阶段，项目实施机构要选择适当的采购方式，成立采购结果确认谈判工作组，对采购文件进行澄清和修改，按规定发布资格预审文件等；项目实施机构要对项目前期以及运营期进行监督管理和介入，以保证项目的执行以及质量；项目移交通常是指在项目合作结束或者项目合同提前终止后，项目公司将全部项目设施及相关权益以合同约定的条件和程序移交给政府，或者政府指定的其他机构。实践中，上述评估和测试工作通常由政府委托的独立专家完成，或者由政府和项目公司共同组成移交实施机构来负责。

7.2.2 PPP 项目实施方案编制

项目实施方案一般包括：项目概况、风险分担与收益共享、项目运作方式、交易结构、合同体系以及监管架构等。

1. 项目概况

编制项目实施方案首先要对项目进行概况总结，项目概况主要包括基本情况、经济技术指标和项目公司股权情况等。基本情况主要为了明确项目提供的公共产品和服务内容、项目采用PPP模式运作的必要性和可行性、项目运作的目标和意义。经济技术指标主要为了明确项目区位、占地面积、建设内容或资产范围、投资规模或资产价值、主要产出说明和资金来源等。项目公司股权情况主要在于明确设立项目公司的必要性以及公司股权结构。

2. 风险分担与利益共享

PPP项目存在着三大关系：伙伴关系、风险分担、利益共享。PPP项目涉及政府、企业和社会公众等多方利益主体，利益与风险结构复杂，正确处理好PPP项目的风险分配与利益共享，是PPP项目成功的关键因素之一。

3. 项目运作方式

狭义的PPP模式被认为是一系列项目运作模式的总称，它包含BOT、TOT、BOO等多种具体运作模式，更加强调公共部门和私人部门合作过程中的风险分担机制和项目实施的资金价值(VFM)。PPP的具体运作方式的选择主要由收费定价机制、项目投资收益水平、风险分配基本框架、融资需求、改扩建需求和期满处置等因素决定。

4. 交易结构

项目交易结构包括项目投融资结构、回报机制和相关配套安排。项目投融资结构主要说明项目资本性支出的资金来源、性质和用途，项目资产的形成和转移等；项目回报机制主要说明社会资本取得投资回报的资金来源，包括使用者付费、可行性缺口补助和政府付费等支付方式；

相关配套安排主要说明由项目以外相关机构提供的土地、水、电、气和道路等配套设施以及项目所需的上下游服务。

5. 合同体系

签订一系列合同来确立和调整彼此之间的权利义务关系，构成PPP项目的基本合同体系。根据项目的不同特点，相应的合同体系也会不同。合同体系主要包括项目合同、股东合同、融资合同、履约合同等。项目合同是其中最核心的法律文件。在PPP项目合同体系中，各个合同之间并非完全独立，而是紧密衔接、相互贯通的，合同之间存在着一定的"传导关系"。

6. 监管架构

监管架构主要包括授权关系和监管方式。授权关系主要是政府对项目实施机构的授权，以及政府通过项目实施机构对社会资本的授权。例如，在北京地铁四号线PPP项目中，北京市政府对北京基础设施投资有限公司进行授权。监管方式主要包括履约管理、行政监管和公众监督等。

7. 采购方式选择

PPP项目采购应根据《中华人民共和国政府采购法》及PPP项目采购相关规章制度执行，采购方式包括公开招标、邀请招标、竞争性谈判、竞争性磋商和单一来源采购。根据县域条件下经济发展状况和所处经济模式下采购需求的特点来看，县域经济下PPP建设模式适宜采用竞争性磋商模式采购。

7.2.3 PPP项目实施方案审批与公示

PPP项目实施之前，要对PPP方案进行审核，以确保项目的可运行性，能够在一定的支出成本下保障项目收益。对方案进行审核的重点为物有所值评价(VFM)以及财政承受能力验证两方面。对于未通过验证的,调整实施方案,重新验证。第二次仍未通过验证的,不再采用PPP模式。通过验证的实施方案还须经地方政府、行业专家、法律专家、财务专家等进行方案审核,经过审批后才能组织实施,PPP项目工作小组还需将实施方案按要求进行公示。

7.3 PPP项目实施与建设

7.3.1 PPP项目公司成立

PPP项目采购程序完成并签署项目合同后,社会资本可依法设立项目公司项目实施机构,财政部门(PPP中心)应监督社会资本按照采购文件和项目合同约定,按时足额出资设立项目公司。

根据项目合同约定,政府可指定相关机构依法参股项目公司,使PPP项目公司的股东构成多元化,更利于降低代理成本,提升项目效率,达到债股平衡。由于PPP项目建设、运营期限长,投资风险较大,需要构建具备多种专业能力的发起人组合以满足项目需求,所以由项目实施机构、技术提供商和金融机构等多方共同投资持有项目公司股权,可以合理分担风险,充分利用各方专业技能,大大提高项目的成功率。

7.3.2 PPP项目融资管理

项目融资由社会资本或项目公司负责。社会资本或项目公司应及时开展与融资方案设计机构接洽、合同签订和融资交割等工作。财政部门(PPP中心)和项目实施机构应做好监督管理工作,防止企业债务向政府不当转移。

社会资本或项目公司可以通过银行贷款、融资租赁、产业基金、银行间债券市场债务融资、预期收益质押贷款等形式进行融资。财政部联合中国建设银行等10家机构,共同设立中国政府和社会资本合作融资支持基金，将重点支持公共服务领域 PPP 项目发展，提高项目融资的可获得性。有些地方设立了 PPP 发展基金，支持 PPP 项目的融资工作。国家发展和改革委员会出台的《基础设施和公用事业特许经营管理办法》允许对特许经营项目开展预期收益质押贷款，鼓励以设立产业基金等形式入股，提供项目资本金；支持项目公司成立私募基金，发行项目收益票据资产，支持票据、企业债、公司债等，拓宽融资渠道。

国家发展和改革委员会与国家开发银行印发的《关于推进开发性金融支持政府和社会资本合作有关工作的通知》提出，国家开发银行在监管政策允许范围内，将给予 PPP 项目差异化信贷政策：一是加强信贷规模的统筹调配，优先保障 PPP 项目的融资需求；二是对符合条件的 PPP 项目，贷款期限最长可达 30 年，贷款利率可适当优惠；三是建立绿色通道，加快 PPP 项目贷款审批；四是支持开展排污权、收费权、集体林权特许经营权、购买服务协议预期收益、集体土地承包经营权质押贷款等担保创新类贷款业务，积极创新 PPP 项目的信贷服务。

社会资本或项目公司未按照项目合同约定完成融资的，政府可提取履约保函直至终止项目合同；遇系统性金融风险或不可抗力，政府、社会资本或项目公司可根据项目合同约定协商修订合同中相关融资条款。

当项目出现重大经营或财务风险，威胁或侵害债权人利益时，债权人可依据与政府社会资本或项目公司签订的直接介入协议或条款，要求社会资本或项目公司改善管理等。在直接介入协议或条款约定期限内，重大风险已解除的，债权人应停止介入。

7.3.3　PPP 项目建设管理

项目的建设阶段，主要有 5 个方面的流程，包括工程协调管理、工程招标与分包、进度管理、质量管理和其他管理措施。

1. 工程协调管理

PPP 项目的参与人由政府、PPP 项目公司、投资人、银行或金融公司，以及承担设计、建设和经营的有关公司组成。政府是PPP项目的监管主体，对PPP项目起到宏观的把控及决策作用。投资人与社会一同作为项目的风险承担主体，投资人以投入的资本承担有限责任。银行或金融公司通常为PPP项目的主要债权人，现如今也进一步发展，可为PPP项目提供咨询方案。而PPP项目公司是项目的执行主体，在整个项目及所有参与方中处于中心地位，所有关系到PPP项目的融资、分包、建设、验收、经营管理体制以及偿还债务和偿付利息都由项目公司负责。

2. 工程招标与分包

项目公司需要通过工程施工招标与分包的形式，选择有资质、有经验且在工程某一领域有明显专长的企业，协作完成项目的建设。

PPP项目工程施工招标和分包有以下特点。

（1）仅对于非主体和非关键工程，方可允许分包。项目的主体部分和关键性建设工作，是指一个整体项目中，影响主要功能的或者独立发挥其功能的装置、设备。构建主体结构的部分及相关的工作，原则上是不允许分包的。

（2）承担重要设备。材料的采购及专业施工单位必须按照《中华人民共和国招标投标法》以及工程所属主管单位的要求确定。

（3）项目公司在招标之前必须拟定招标方案报工程的主管单位。

（4）采取劳务分包形式。在PPP项目中，主承包商往往是PPP项目公司的成员，主承包商为了免去直接指挥工人的繁琐工作，一般采取包工不包料方式，将施工分包给提供管理劳务的公司。在劳务分包合同中，应明确双方的责任、义务和权利。

（5）若项目公司进行了工程分包，应当对任何分包商的违约行为，承担同样的责任。

3. 进度管理

项目公司应当按合同规定的进度计划，进行进度管理，处理好主体工程与附属工程的关系、地下工程与地上工程的关系、场外工程与场内工程的关系等，对工程所包含的各阶段、各事项进行统筹安排，对不符合进度计划的工程进度进行修正和督促，以在确保质量的前提下缩短工期，最大限度地发挥投资效益。

PPP项目进度管理的主要内容包括：施工进度计划的编制和审核，编制工程综合计划，对进度计划进行检查和调整，提交进度报告，完成进度控制总结。

4. 质量管理

PPP项目中的质量控制缺陷常常表现在项目融资成本影响质量、违规分包影响工程质量、管理和监督不力影响工程质量3个方面。PPP项目中，可以通过两个方面的措施加强工程质量：一是以法律及合同约束各方的质量行为；二是加强政府主管部门对PPP项目的质量监督和管理。

5. 其他管理措施

制定并遵行周全的管理措施，才能保证PPP项目的顺利开展，管理措施主要包括：安全措施、项目文件管理（施工文件、投资及财务统计报表、技术标准和规章竣工图纸操作和维修手册）、职工与劳动管理（人员变动、员工待遇、保障职工职业健康和安全）。

6. 项目竣工验收

项目公司应当在规定的时间内实现PPP项目工程完工，通知政府主管部门进行竣工验收，并按照政府主管部门的要求，协调和配合项目的试运行。

(1)竣工验收的条件。PPP项目的政府主管部收到建设工程竣工报告后,应当组织设计施工、监理等单位进行竣工验收,工程竣工验收应当具备下列条件:

①项目公司依照工程设计建设完成合同约定的各项内容;

②有完整的技术档案和施工管理资料;

③有工程使用的主要建筑材料、建筑结构配件和设备的进场试验报告;

④有勘察、设计施工、工程监理等单位分别签署的质量合格文件;

⑤有项目公司签署的工程保修书。

(2)竣工验收的程序。PPP项目竣工验收的一般程序如下:

①在竣工验收前,项目公司应当完成项目管理工作档案的初步整理,确保内容齐全,符合项目管理工作档案归档的相关要求;

②在工程通过竣工验收之后,项目公司应当向政府主管部门提交一份有关检验结果的证明报告,和其他符合国家有关规定的准备通过档案验收的资料;

③项目公司在竣工验收合格后的特定时间内,向政府主管部门提供竣工备案所需的资料,以方便政府主管部门备案之用;

④如果工程或某标段未能通过竣工验收,项目公司应当在修复缺陷后,重新进行未通过段的竣工验收工作;

⑤当工程根据合同已通过竣工验收,且在竣工档案资料整理完毕后,政府主管部门应当向项目公司颁发竣工证书。

7.4 秭归长江公路大桥PPP项目实施与建设

7.4.1 秭归长江公路大桥PPP项目的启动

政府部门选定公共基础设施PPP项目的社会资本合作伙伴,并与之签订项目合同后,项目进入实施阶段。接下来各方要开展包括设立项目公司、项目工程设计与审批、用地审批及征拆、工程进度质量造价管理、竣工验收等建设和管理工作。PPP 项目的前期工程设计与审批、工程进度质量造价管理、竣工验收等与普通工程项目的建设管理内容基本相同，也要实行项目法人制、招投标制、工程监理制三大制度，完善工程质量造价监督管理体系。本节主要介绍秭归长江公路大桥 PPP 项目中有别于传统建设项目的管理模式、项目公司在启动阶段的土地获取以及项目特许 PPP 合同与特许经营权合同管理等内容。

1. 设计与投资的管理

确定了项目及其投资估算后，进入了项目的准备阶段。此阶段主要包括管理架构组建、实施方案的编制及实施方案的审核等。一般而言，此阶段的造价管理主要集中在初步设计、初步概算及实施方案的编制上。

初步设计要遵循价值工程的原理，以提高产品或作业价值为目的，通过有组织的创造性工作，寻求用最低的寿命周期成本实现所需功能。通过 ABC 分析法、因素分析法、强制确定法、百分比分析法、价值指数法等实现造价的最优化。

实施方案的编制要根据交通运输项目所在地区、项目的不同性质及所产生的效益等指标，确定项目的运作模式、合作期、回报机制等，进行投资收益率的初步测算，以控制项目的总造价。秭归长江公路大桥，项目总投资 20.98 亿元，合作期 24 年（建设期 4 年，运营期 20 年），采用建设—运营—移交（BOT）的合作模式、使用者付费的回报机制。该项目边界条件的设定，不仅符合市场规律，引起了社会资本方的积极响应，而且实现了投资最优化，做到了物有所值。

2. PPP 项目公司的设立

1）项目公司的性质

（1）法规要求。公共基础设施 PPP 项目采购完成，中标的社会资本与政府签订项目合同(PPP合作协议和特许经营协议)后,社会资本可依法设立项目公司,政府可指定相关机构依法参股项目公司。依据《财政部关于印发政府和社会资本合作模式操作指南(试行)》(财金[2014]113号),项目实施机构和财政部门(PPP中心)应监督社会资本按照采购文件和项目合同约定,按时足额出资设立项目公司。

《国家发展改革委关于开展政府和社会资本合作的指导意见》(发改投资[2014]2724号)提出,如以设立项目公司的方式实施项目,应根据项目实际情况,明确项目公司的设立及其存续期间法人治理结构,及经营管理机制等事项。

①项目公司注册资金、住所、组织形式等的限制性要求;

②项目公司股东结构、董事会、监事会及决策机制安排;

③项目公司股权、实际控制权、重要人事发生变化的处理方式;

④如政府参股项目公司的,还应明确政府出资人代表、投资金额、股权比例、出资方式等。政府股份享有的分配权益,如是否享有与其他股东同等的权益,在利润分配顺序上是否予以优先安排等;政府股东代表在项目公司法人治理结构中的特殊安排,如在特定事项上是否拥有否决权等。

根据《国务院关于调整固定资产投资项目资本金比例的通知》(国发[2009]127号),固定资产投资项目实行资本金制度。各行业固定资产投资项目的最低资本金比例按规定执行,其中公路、铁路、城市轨道交通项目,最低资本金比例为25%。

经国务院批准,对个别情况特殊的国家重大建设项目,可以适当降低最低资本金比例要求。属于国家支持的中小企业自主创新高新技术投资项目,最低资本金比例可以适当降低。外商投资项目按现行有关法规执行。

(2)项目公司性质。项目公司是依法设立的自主运营、自负盈亏的具有独立法人资格的经营实体。项目公司可以由社会资本(可以是一家企业,也可以是多家企业组成的联合体)出资设立,也可以由政府和社会资本共同出资设立。但政府在项目公司中的持股比例应当低于50%且不具有实际控制力及管理权。

项目公司是社会资本为实施 PPP 项目而专门成立的公司，通常独立运作。根据项目公司股东国籍的不同，项目公司可能是内资企业，也可能是外商投资企业。

(3) 设立有限责任公司应当具备的条件。国内设立有限责任公司的法律依据是《中华人民共和国公司法》。设立有限责任公司，应当具备下列条件：

①股东符合法定人数；

②有符合公司章程规定的全体股东认缴的出资额；

③股东共同制定公司章程；

④有公司名称，建立符合有限责任公司要求的组织机构；

⑤有公司住所。

(4) 设立股份有限公司应当具备的条件。国内设立股份有限公司的法律依据也是《中华人民共和国公司法》。设立股份有限公司，应当具备下列条件：

①发起人符合法定人数；

②有符合公司章程规定的全体发起人认购的股本总额或者募集的实收股本总额；

③股份发行筹办事项符合法律规定；

④发起人制订公司章程，采用募集方式设立的经创立大会通过；

⑤有公司名称，建立符合股份有限公司要求的组织机构；

⑥有公司住所。

(5) 设立合伙企业应当具备的条件。国内设立合伙企业的法律依据是《中华人民共和国合伙企业法》。设立合伙企业应当具备下列条件：

①有两个以上合伙人，合伙人为自然人的，应当具有完全民事行为能力；

②有书面合伙协议；

③有合伙人认缴或者实际缴付的出资；

④有合伙企业的名称和生产经营场所；

⑤符合法律、行政法规规定的其他条件。

2）股权结构

PPP 项目公司的股权结构反映了股东对项目资产权益的法律拥有形式和股东间的法律合同关系，是在项目所在地法律法规、会计和税务等客观因素的约束下实现股东投资目标的一种项目资产所有权结构。PPP 项目公司的股东权益分配调整，体现股东对项目的短期利益或长期战略目的。股东权益在项目前期或建设期的合理变化，能够有效促进项目实施；在项目商业运营期的合理变化，能够提高项目公司的治理效力、管理水平和公司价值。因此，合理的股权结构设计对提 PPP 项目建设运营效率具有重要价值。

(1) 有限责任公司。根据《中华人民共和国公司法》，有限责任公司由 50 个以下股东出资设立。有限责任公司的注册资本为在公司登记机关登记的全体股东认缴的出资额。法律、行政法规以及国务院决定对有限责任公司注册资本实缴、注册资本最低限额另有规定的，遵从其规定。

(2) 股份有限公司。根据《中华人民共和国公司法》，股份有限公司的设立，可以采取发起设立者募集设立的方式。设立股份有限公司，应当有 2 人以上 200 人以下发起人，且须有半数以上的发起人在中国境内有住所。

①发起设立，是指由发起人认购公司应发行的全部股份而设立公司。注册资本为在公司登记机关登记的全体发起人认购的股本总额。在发起人认购的股份缴足前，不得向他人募集股份。

②募集设立，是指由发起人认购公司应发行股份的一部分，其余股份向社会公开募集或者向特定对象募集而设立公司。注册资本为在公司登记机关登记的实收股本总额。

法律行政法规以及国务院决定对股份有限公司注册资本实缴、注资本最低限额另有规定的,遵从其规定。

3)湖北秭兴长江公路大桥建设开发有限公司成立

秭归长江公路大桥招标采购由武汉市市政建设集团有限公司、中铁大桥局第七工程有限公司、武汉市市政路桥有限公司共同组建的联合体中标,并与秭归县政府成立的湖北秭归长江公路大桥建设指挥部签订PPP合作协议。

协议将甲方股东的权利和义务由甲方授权秭归县屈乡交通建设开发有限公司行使,由秭归县屈乡交通建设开发有限公司与联合体共同出资组建项目公司,项目公司为具有独立法人资格的有限责任公司。

在乙方如约履行了其义务并在项目公司成立后,秭归县人民政府保证与项目公司签订项目《特许经营权合同》,授予项目公司在特许期内筹资、建设和运营管理项目的独占性权利。特许期为24年。

秭归长江公路大桥项目公司"湖北秭兴长江公路大桥建设开发有限公司"依法成立,并与秭归县人民政府签订《特许经营权合同》。

7.4.2 秭归长江公路大桥PPP的合同管理

政府与社会资本合作的PPP模式,实质是参与各方以合同为基础形成的伙伴关系,合同在其中起到核心和纽带的作用。PPP项目整个实施过程都是在合同规定和控制下开展各项工作。可以说,PPP项目的建设运营过程就是履约的过程,PPP的精髓就是契约精神。本节结合秭归长江公路大桥建设,重点介绍PPP模式下的合同体系及其实施。

1. 项目执行阶段的投资管理

在项目采购完成及合同签署后,投资管理进入了执行阶段。执行阶段是实现交通运输PPP项目造价控制的阶段。项目执行阶段又可以分为建设阶段和运营阶段。

建设阶段也就是项目的建设期,包括项目公司的设立、项目融资、施工图、预算、设计及工程变更等。此阶段进行造价管理的重点就是要控制建造成本。特别是施工过程中由于工程或设计变更，带来造价的变化，严重的有可能引起社会资本方或项目公司的索赔，有可能使最终投资超出原来的预计投资。同时，部分交通运输PPP项目也存在定额工作内容不全和定额缺项的问题，给造价管理带来了一定的难度。

项目建设期的造价控制应着眼于成本控制，在保障工期及工程质量的前提下，定期对实际成本与目标成本进行纠偏分析，总结经验，提高对资源的使用效率，并将成本控制纳入对各项目部的绩效考核中。此外，在竣工结算时，要以图纸、隐蔽部位的现场实测记录为依据，严把隐蔽工程签证审核关；要审查工程费用的合理性，把好取费标准套用关；要核查工程量的真实准确性，把好工程量计算关；要核对相关技术标准，把好工程质量关，做到有理可依、有据可循。同时，要严格对照工序施工内容，详细审核合同中规定允许调整的其他事项，达到合理、公平、公正地确定工程结算金额。

运营阶段是从项目建设期结束后到项目合作期满为止，此阶段就是对项目进行运营和维护。由于交通运输行业较少涉及经营性质，故此阶段造价管理的重点就是控制运营成本。运营成本主要包括营运业务消耗的各类材料、直接从事营运业务人员的薪酬、营运过程中发生的间接费用等。对人员和材料做出合理的控制计划，运营过程中及时做好总结与纠偏，进行中期评估和对运营成本的绩效考核，都是进行造价管理的有效措施。

2. PPP项目的合同体系

PPP项目的参与各方是一种以合同为基础的伙伴关系，通过签订系列合同来确定和调整彼此之间的权利与义务关系，构成PPP项目的合同体系。根据不同项目的不同特点，采取的合作模式不同，其合同体系也会不同，见图7-2。

秭归长江公路大桥PPP项目合同体系主要包括项目合同、股东合同、融资合同、履约合同等，其中项目合同是最核心的合同。在整个合

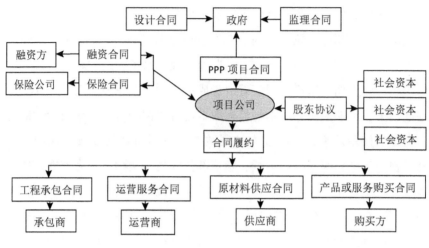

图 7-2 PPP 合同体系

同体系中,各个合同并不是独立的,而是紧密衔接、相互贯通的,其中存在一定的"传导关系"。了解 PPP 项目的合同体系和各个合同之间的传导关系,有助于更加全面准确地把握 PPP 项目合同。

首先,在合同签订阶段,作为合同体系的基础和核心,PPP 项目合同的具体条款不仅会直接影响到项目公司同股东之间的协议内容,而且会影响项目公司与融资方的融资合同以及与保险公司的保险合同等其他合同的内容。此外,PPP 项目合同的具体约定,还可能通过工程承包或产品服务购买等方式,传导到工程承包(分包)合同、原料供应合同、运营服务合同、产品或服务购买合同上。

其次,在合同履行阶段,合同关系的传导方向可能发生递转。例如,分包合同的履行出现问题,会影响到总承包合同的履行,进而影响到 PPP 项目合同的履行。

PPP 项目合同是项目实施机构与社会资本签订的,约定项目合作主要内容和双方基本权利、义务的合同协议。其目的是在项目实施机构与社会资本之间合理分配项目风险,明确双方的权利义务关系,保障双方能够依据合同约定合理主张权利,妥善履行义务,确保项目全寿命周期内顺利地建设营运。PPP项目合同是其他合同产生的基础,也是整个PPP项目合同体系的核心。

3. PPP项目合同的编制原则

PPP项目合同是整个PPP项目合同体系的基础和核心,政府方与社会资本方的权利和义务关系以及PPP项目的交易结构、风险分担机制等均通过PPP项目合同确定,并以此作为主张权利、履行义务的依据和项目全寿命周期顺利实施的保障。

不同的PPP项目,需要根据其不同特点编制项目合同,因此不同的PPP项目的项目合同可能有很大的差别。编制PPP项目合同需要遵循如下几点原则。

1)合同各方主体地位平等原则

PPP项目合同的各方当事人均是平等主体,以市场机制为基础,建立互惠合作关系,通过合同条款约定并保障权利、义务。

2)合法合规原则

在PPP框架下,项目合同要与相关法律法规和技术规范做好衔接,符合现行法律法规规定,确保内容全面、结构合理、具有可操作性,并能够有效促进PPP项目合同各环节的执行。

3)提高公共服务质量和效率原则

政府基于PPP架构,通过引入社会资本和市场机制,促进公共基础设施领域建设,增加公共产品和公共服务的有效供给,提高公共资源配置效率和社会价值,造福社会。

4)公开透明原则

在PPP模式下,基于法律法规和政策规定,针对项目建设和运营的关键环节,明确政府监管职责,发挥专业机构作用,提高信息公开程度,确保项目在阳光下运行。

5）社会资本获得合理回报原则

在充分利用社会资本在国家建设和公共服务中的价值、确保公共利益的前提下，降低项目运作成本，提高资源配置效率，获取合理投资回报。

6）风险最优分配原则

PPP模式致力于在政府和社会资本之间，实现最优的风险分配，在受制约和保障社会公共利益的前提下，根据公平公正原则，将风险分配给能够以最小成本且最有效管理它的一方承担，并给予风险承担方选择如何处理和最小化该类风险的权利。

7）鼓励创新原则

PPP模式并不是一个固定不变的投融资模式，要把握PPP项目的实质内容结合具体项目特点，借鉴国外先进经验，总结国内成功实践，积极探索，务实创新、灵活约定，建立科学严谨的PPP项目合同体系，形成有利于项目实施的投融资模式，推进投融资体制改革和发展。

4. PPP项目合同的主要条款

公共基础设施PPP项目的项目合同需要根据具体项目特点，政府和社会资本双方通过协商谈判，确定相应的合同条款。国家发展和改革委员会的《政府和社会资本合作项目通用合同指南》和财政部的《PPP项目合同指南》是政府部门推出的PPP项目合同范本，两者大同小异，各有特色。为使读者在实践中更好地利用合同范本，在此简单介绍引用这两个范本时须注意的主要合同条款要点。

1）背景条款

背景条款具体包括合同相关术语的定义和解释、合同签订的背景和目的、声明和保证、合同生效条件、合同体系构成等。这是对PPP结构选择与特点以及项目目的的核心陈述，决定了项目的后续全过程设计和处理，以及具体重要意义，是项目合同的必备篇章。

2）原则条款

在所选PPP结构下，项目合同各方需就订立合同的主体资格及履行合同的相关事项加以声明和保证,并明确项目合同各方因违反声明和保证后应承担的相应责任,明确合同正文、合同附件、补充协议和变更协议等效力优先次序,以及履约原则和违约处理原则。

3) 主体条款

(1) 包括政府主体、社会资本主体,重点明确项目合同各主体资格(如签订项目合同的政府主体应是具有相应行政权力的政府或其授权的实施机构;签订项目合同的社会资本主体,应是符合条件的国有企业、民营企业、外商投资企业、混合所有制企业或其他投资经营主体),并概括性地约定各主体的主要权利和义务(如政府方依法监管权力和行使项目合同约定的权利,遵守项目合同,及时提供项目配套条件,协调支持项目审批,维护市场秩序;社会资本主体按约定获得政府支持的权利和按约定实施项目,并获得相应回报,按约定提供项目资金,履行环境、地质、文物保护及安全生产等义务,承担社会责任等)。

(2) 主体条款部分还应当明确项目公司的设立,及其存续期间的法人治理结构和经营管理机制等事项。如政府参股项目公司的,还应明确政府出资人代表、投资金占股权比例、出资方式、政府股份享有的分配权益、政府股东代表在项目公司法人治理结构中的特殊安排等。

4) 标的条款

(1) 在 PPP 合同的这个部分,应主要约定政府和社会资本合作关系的重要事项,包括合作内容、合作期限。排他性约定及合作的履约保证等,是项目合同的必备篇章。

(2) 在合作内容方面,着重明确合作项目的边界范围。如涉及投资的,应明确投资标的物的范围;涉及工程建设的,应明确项目建设内容;涉及提供服务的,应明确服务对象及内容等;还应明确政府为合作项目提供的主要条件或支持措施。

(3) 明确社会资本主体在合作期间获得回报的具体途径,以及合作各阶段项目有形及无形资产的所有权、使用权、收益权、处置权的归属。

(4)如有必要可作出合作期内的排他性约定以及项目合同各方的履约担保事项。

5)执行条款

该部分内容是有效履行 PPP 项目合同的核心，应当详尽约定执行规划、方案以及流程。

(1)项目前期工作。

①重点约定项目公司设立、管理架构组建，以及技术、商业、财务和经济等方面的各项准备，还应明确实施方案编制和审核以及合作项目前期工作内容、任务分工、经费承担及违约责任等事项。

②对于政府开展前期工作的经费，需要社会资本主体承担的，应明确费用范围，确认支付方式以及前期工作成果和知识产权归属。

③项目合同应明确各方在前期工作中违约行为的认定和违约责任。可根据影响，将违约行为划分为重大违约和一般违约，并分别约定违约责任。

(2)工程建设。

①重点约定合作项目工程建设条件、进度、质量、安全要求，变更管理、实际投资认定、工程验收、工程保险及违约责任等事项。

②如涉及土地整理事项，项目合同应约定征地、拆迁、安置的范围和进度，明确实施责任主体及费用负担，并对维护社会稳定、妥善处理后续遗留问题提出明确要求。

③在该部分，项目合同还应约定工程完工之后的保修安排和质保金、保修期保函的设置和使用。

④若需要，可对项目建设招标采购、工程投资、工程质量、工程进度以及工程建设档案资料等事项安排特别监管措施，应在合同中明确监管的主体、内容、方法、程序以及费用安排。

⑤项目合同应明确各方在工程建设工作中，违约行为的认定和违约责任的划分。可根据影响将违约行为划分为重大违约和一般违约，并分别约定违约责任。

(3)绩效检测与支付。

项目实施过程中,加强工程质量运营标准的全程监督,确保公共产品和服务的质量、效率和延续性;鼓励推进第三方评估,评价结果向社会公示,作为合同调整的重要参考依据并据此作为价费标准、财政补贴等的支付依据。

6)资金条款

(1)根据投资概算等约定项目投资规模、投资计划(分年度)、投资控制、超支责任、融资方案、资金筹措、融资条件、投融资监管及违约责任等事项。

(2)如政府为合作项目提供投资补助、基金注资、担保补贴、贷款贴息等支持,应明确具体方式、必要条件、各方投融资违约行为的认定、违约责任设定、对投融资的特别监管措施。

7)验收条款

项目验收应遵照国家及地方主管部门关于基本建设项目验收管理的规定执行,通常包括专项验收和竣工验收。项目合同应约定项目验收的计划、标准、费用和工作机制等要求。如有必要,应针对特定环节作出专项安排。

8)运营条款

(1)运营包括试运营和正式运营,重点约定合作项目运营的外部条件、运营服务标准和要求、更新改造及追加投资、服务计量、运营期保险、政府监管、运营支出及违约责任等事项,适用于包含项目运营环节的合作项目。

(2)项目合同应约定项目运营维护与设施修理事项,详细内容可在合同附件中描述。

(3)项目合同应约定在运营过程中产生的主副产品的权属和处置权限,以及运营期间由于政府特殊要求,造成社会资本主体支出增加、收入减少的补偿方式、补偿金额、支付程序及协商机制。

9) 核算条款

在PPP合同中，应对项目的投资规模、投资计划与资金到位方案等进行系统、科学的核算和评估。约定合作项目收入回报模式、价格确定和调整方式、财务监管及违约责任等事项。

10) 移交条款

(1) 政府移交资产：重点约定政府向社会资本主体移交资产的准备工作、移交范围、履约标准、移交程序及违约责任等。

(2) 社会资本方移交项目：重点约定社会资本主体向政府移交项目的过渡期、移交范围和标准、移交程序、质量保证及违约责任等。

(3) 项目合同应明确各方在移交工作中违约行为的认定和违约责任的划分。可根据影响将违约行为划分为重大违约和一般违约，并分别约定违约责任。

11) 担保条款

(1) 如有必要，可以约定项目合同各方的履约担保事项，明确履约担保的类型、提供方式、提供时间、担保额度及其兑取条件和退还等。

(2) 对于合作周期较长的项目，可分阶段安排股约担保。

12) 保险条款

(1) 项目合同应约定工程建设期需要投保的险种、保险范围、保险责任期间投保人及受益人保险赔偿金的使用等。

(2) 项目合同应约定运营期需要投保的险种保险范围、保险责任期间保额、投保人及受益人保险赔偿金的使用等。

13) 信息披露与保密条款

(1) 为维护公共利益，促进提高项目透明度，合同各方有义务按照法律法规和项目合同约定向对方或社会披露相关信息。详细披露事项可在合同附件中明确。

(2) 项目合同应约定保密信息范围、保密措施、保密责任。保密信息通常包括国家安全商业秘密或合同各方约定的其他信息。

14) 廉政与反贿赂条款

项目合同应约定各方恪守廉洁从政、廉洁从业和防范腐败的责任。

项目合同应约定反不正当竞争和商业贿赂条款,保证项目过程的法治与公平。

15）合同的变更修订与转让条款

项目合同应对合同内容变更或修订的触发条件、变更程序、处理方法等进行约定。

项目合同应约定合同权利和义务是否允许转让,如允许转让,则应约定需满足的条件和程序。

16）特许经营权条款

从本质上讲,特许经营模式是将政府的角色从服务提供者变成服务价格和质量的规范者。

特许经营权是政府允许社会资本运营商在指定区域内负责全面提供公共服务,同时负责所有资本投资。但在项目合同中,政府必须强化监管措施,防止垄断损害公共利益。

17）不可抗力和法律变更

项目合同应约定不可抗力事件的类型和范围,根据不可抗力事件对合同履行造成的影响程度,分别约定不可抗力事件的处理。

项目合同应约定,如在项目合同生效后发布新的法律、法规或对法律法规进行修订,影响项目运行或各方项目收益时,变更项目合同或解除项目合同的触发条件、影响评估、处理程序等原则和事项。

18）解约条款

按照公平合理的原则,重点约定合同的退出机制,即明确合同解除事由、解除程序以及合同解除后的结算、项目移交等事项。

结合项目特点和合同解除事由,可分别约定在合同解除时的项目接管、项目持续运行、公共利益保护以及其他处置措施等。

19）违约条款

（1）其他章节关于违约的未约定事项,在本章中予以约定,或者对于合同中涉及违约的各种情形在合同中予以集中约定,并对相应的违约责任进行明确细化。

(2)项目合同应明确各方在各个环节中违约行为的认定和违约责任，可根据影响将违约行为划分为重大违约和一般违约，并分别约定违约责任。

20）纠纷解决条款

(1)重点构定争议解决方式，如协商、调解、仲裁或诉讼。

(2)项目合同应当约定争议期间的合同履行，除法律规定或另有约定外，任何一方不得以发生争议为由，停止项目运营服务、运营支持服务或其他影响公共利益的措施。

21）兜底条款

约定项目合同的其他未尽事项，包括合同适用的法律语言、货币等事项。

以上是公共基础设施 PPP 项目合同的 21 项核心条款，除 PPP 主合同外，PPP 交易架构与关联的其他各种各样的交易安排，也应属于广义 PPP 投融资体系的内容，这些内容须遵守 PPP 主合同的约定内容。

5. 政府方的监督和介入条款

公共基础设施 PPP 项目是涉及公共利益的特殊项目，从履行公共管理职能的角度出发，政府需对项目执行的情况和质量进行必要的监控，甚至在特定情形下，政府有可能临时接管项目。PPP 项目合同中关于政府方的监督和介入机制，通常包括政府方在项目实施过程中的监督权以及政府方在特定情形下对项目的介入权两部分内容。

1）政府方的监督权

在项目从建设到运营的各个实施阶段，为了能够更好地了解项目进展，确保项目能够按照合同约定履行，政府方通常会在 PPP 项目合同中规定各种方式的监督权利，这些监督权通常散见于合同的不同条款中。需要特别说明的是，政府方的监督权必须在不影响项目正常实施的前提下行使，并且必须要有明确的限制，否则将会违背 PPP 项目的初衷，将本已交由项目公司承担的风险和管理角色又揽回到政府身上。不同项目、不同阶段下的政府监督权的内容均有可能不同,常见的政府方监督权包括以下4项。

(1)项目实施期间的知情权。在PPP项目合同中通常会规定项目公司有义务定期向政府提供有关项目实施的报告和信息,以便政府方及时了解项目的进展情况。政府方的上述知情权贯穿项目实施的各个阶段,每阶段知情权的内容和实现方式也会有所不同。

①建设期——审阅项目计划和进度报告。

在项目正式开工以前(有时在合同签订前),项目公司有义务向政府提交项目计划书,对建设期间重要节点作出原则规定,以保障该工程进度在约定的时间内完成项目建设并开始运营。

在建设期间,项目公司还有义务定期向政府提交项目进度报告,说明工程进度及项目计划的完成情况。

有关上述项目计划和进度报告的格式和报送程序,应在PPP项目合同的合同条款或者附件中予以明确约定。

②运营维护期——审阅运营维护手册和有关项目运营情况的报告。

在开始运营之前,项目公司通常应编制项目运营维护手册,载明生产运营、日常维护以及设备检修的内容顺序和频率等,并在开始运营日之前报送政府备案。

在运营维护期间,项目公司通常还应定期向政府报送有关运营情况的报告与其他相关资料,如运营维护报告(说明设备和机器的现状以及日常维护况等)、严重事故报告等。此外,有时政府会要求项目公司定期提交经审计的财务报告、使用者相关信息资料等。

(2)进场检查和测试。在PPP项目合同中,有时也会规定在特定情形和一定限制条件下,政府有权进入项目现场进行检查和测试。政府方行使进场检查和测试权,不得影响项目正常实施,并且受制于一些特定的条件,例如:需要遵守安全保卫规定,不得影响项目的正常建设和运营;履行双方约定的合理告知义务后才进入场地检查建设进度、监督项目公司履约情况(注意需在特定目的下才有权进入场地)。

(3) 对承包商和分包商选择的监控。有时政府方也希望在建设承包商或者运营维护分包商的选择上有一定的把控。通常可能采取两种途径。

① 在合同中约定建设承包商或运营维护分包商的资质要求。且上述要求必须是保证本项目建设质量或者运营质量所必需的合理的要求，不能不合理地限制项目公司自行选择承包商或分包商的权利。

② 事先知情权。要求项目公司在签订工程承包合同或运营维护合同前，事先告知政府方，由政府方在规定的期限（如 5 个工作日）内确认该承包商或分包商是否符合上述合同约定的资质要求；如果在规定期限内，政府方没有予以正式答复则视为同意项目公司所选择的承包商或分包商。

需要特别说明的是，在 PPP 项目中，原则上项目公司应当拥有选择承包商、分包商的权力。政府方对于项目质量的控制，一般并不依赖于对承包商及分包商选择的直接控制，而是通过付费机制和终止权利来间接把控项目。如果项目质量无法达到合同约定的标准，项目的付费就会被扣减，甚至在严重情形下，政府方可以终止项目。

(4) 参股项目公司。在 PPP 实践中，为了更直接地了解项目的运作以及收益情况，政府也可通过直接参股项目公司的方式成为项目公司股东，甚至董事（即使政府所特有的股份可能并不多），以便更好地实现知情权。在这种情形下，原则上政府与其他股东相同，享有作为股东的基本权益，同时也需且经股东协商致，政府可以选择放弃部分权益或者可能被免除部分义务。政府履行股东的相关义务，并承担项目风险，这些内容通常会规定在项目公司的股东协议中。

2) 政府方的介入权

除了上述的一般监督权，一些 PPP 项目合同会赋予政府方在特定情形下（如紧急情况发生或者项目公司违约）直接介入项目实施的权利。但与融资方的介入权不同，政府方的介入权通常适用于发生短期严重的问题，且该问题需要被快速解决，而政府方在解决该问题上更有优势和便利,通常包括项目公司未违约情形下的介入和项目公司违约情形下的介入两类。需要注意的是,上述介入权是政府一项可以选择的权利,而非必须履行的义务。

(1)项目公司未违约情形下的介入。

①政府方可以介入的情形。为了保证项目公司履行合同不会受到不必要的干预,只有在特定的情形下,政府方才拥有介入的权利。常见的情形包括:存在危及人身健康或安全、财产安全或环境安全的风险;介入项目以解除或行使政府的法定责任;发生紧急情况,且政府合理认为该紧急情况将会导致人员伤亡、严重财产损失或造成环境污染,并且会影响项目的正常实施。

如果发生上述情形,政府方可以选择介入项目的实施,但政府方在介入项目之前必须按 PPP 项目合同中约定的通知程序提前通知项目公司,并且应当遵守合同中关于行使介入权的要求。

②政府方介入的法律后果。在项目公司未违约的情形下发生了上述政府方可以介入的情形,政府方如果选择介入项目,需要按照合同约定提前通知项目公司其介入的计划以及介入的程度。该介入的法律后果一般如下:在政府方介入的范围内,如果项目公司的任何义务或工作无法履行,这些义务或工作将被豁免。在政府方介入的期间内,如果是采用政府付费机制的项目,政府仍应当按照合同的约定支付服务费或其他费用,不论项目公司是否提供有关服务或是否正常运营;因政府方介入引发的所有额外费用均由政府承担。

(2)项目公司违约情形下的介入。

如果政府方在行使监督权时发现项目公司违约,政府方认为有可能需要介入的,通常应在介入前按照 PPP 项目合同的约定,书面通知项目公司并给予其一定期限自行补救;如果项目公司在约定的期限内仍无法补救,政府方才有权行使其介入权。

政府方在项目公司违约情形下介入的法律后果一般如下:

政府方或政府方指定第三人代项目公司履行其违约所涉及的部分义

务；在项目公司为上述代为履行事项提供必要协助的前提下，在政府方介入的期间内，如果是采用政府付费或可行性缺口补助机制的项目，政府方仍应当按照合同约定就不受违约影响部分的服务或产品支付费用或提供补助；任何因政府方介入产生的额外费用均由项目公司承担，该部分费用可从政府付费中扣减或者由项目公司另行支付；如果政府方的介入仍然无法补救项目公司的违约，政府方仍有权根据提前终止机制终止项目合同。

6. 守法义务及法律变更条款

PPP项目合同中的守法义务及法律变更机制，可能会规定在同条款中，也可能散见于不同条款项下，通常包括以下几部分内容。

1) 法律的含义

法律通常是一个比较宽泛的概念。根据《中华人民共和国立法法》(以下简称《立法法》)的规定，广义的法律主要包括：

(1) 全国人民代表大会及常务委员会制定的法律(狭义的"法律")；

(2) 全国人民代表大会常务委员会制定的法律解释("法律解释")；

(3) 国务院制定的行政法规，各省、自治区、直辖市人民代表大会及其常务委员会制定的地方性法规、自治条例、单行条例("行政法规")；

(4) 国务院各部、委员会、中国人民银行、审计署和具有行政管理职能的直属机构制定的部门规章("部门规章")；

(5) 省、自治区、直辖市和较大的市的人民政府制定的地方政府规章("地方政府规章")。

在司法实践中，由各级政府和政府部门出台的一些政策性文件，虽然并不属于《立法法》规定的严格意义上的法律范畴，但也具有一定的强制性效力。因此此类规范性文件通常也会包含在PPP项目合同中"法律"的范围内。

2)守法义务

在PPP项目合同中通常会规定项目公司在实施PPP项目的过程中，有义务遵守上述广义"法律"的规定。需要特别强调的是，PPP项目合同中应体现政府采购（包括投资人选择和合同谈判）过程中符合政府采购相关法律已确定的各项要求，例如，采购本国货物和服务、保护环境、扶持不发达地区和少数民族地区、促进中小企业发展、技术引进和本地化转移等要求。

3)法律变更的定义

在我国法律中，对于"法律变更"并没有明文的规定。在PPP项目合同中，法律变更通常会被定义为在PPP项目合同生效之后，各级人民代表大会或其常务委员会或有关政府部门对任何法律的预行、修订、废止，或更改其解释。

4)法律变更的后果

(1)政府方可控的法律变更的后果。在PPP项目中，某些法律变更事件可能是由作为PPP项目合同签约主体的政府方直接实施，或者在政府方职权范围内发生的，例如，由该政府方或其内设政府部门或其下级政府所预行的法律。对于此类法律变更，可将其认定为政府方可控的法律变更，具体后果可能包括：

①在建设期间如果因发生政府方可控的法律变更，导致项目发生额外费用或工期延误，项目公司有权向政府方索赔额外费用或要求延长工期（如果是采用政府付费机制的项目，还可以要求认定"视为已开始运营"）；

②在运营期间，如果因发生政府方可控的法律变更导致项目公司运营成本费用增加，项目公司有权向政府方索赔额外费用或申请延长项目合作期限；

③如果因发生政府方可控的法律变更导致合同无法继续履行则构成"政府违约事件"，项目公司可以通过违约条款及提前终止机制等进行救济。

(2) 政府方不可控的法律变更的后果。对于超出政府方可控范围的法律变更，如由国家或上级政府统一预行的法律等，应视为不可抗力，按照不可抗力的机制进行处理。在某些 PPP 项目合同中，也有可能将此类法律变更直接定义为政治不可抗力，并约定由政府方承担该项风险。

7.4.3 秭归长江公路大桥 PPP 项目合同的履约

在 PPP 项目的合同履行方面，政府方和社会资本方都应遵循契约精神。

从政府方角度看，要充分履行项目监督职能，确保社会资本履行合同条款、遵循契约精神，监督社会资本履行在项目出资、建设、工程质量、工程进度和运营管理等方面的承诺。同时，在项目运行过程中要避免因监督不到位，导致资产过度使用，防止特许经营期满后移交的资产无法继续使用。

从社会资本角度看，政府方应充分遵循契约精神，确保社会资本按时获得足额补贴和收入。

1. 社会资本的履约担保

1) 履约担保的含义和方式

在大部分 PPP 项目中，政府通常会与专门为此项目新设的、没有任何履约记录的项目公司签约。鉴于项目公司的资信能力尚未得到验证，为了确保 PPP 项目中新设的项目公司能按照合同约定履约，政府通常会希望项目公司或其承包商、分包商就其履约义务提供一定的担保。履约担保的方式通常包括履约保证金、履约保函及其他形式的保证。

2) 要求项目公司提供履约担保的主要考虑因素

在传统的采购模式中，政府通常会要求项目承包商或分包商通过提供保证或第三人保证（如母公司担保）等方式为其履约进行担保。但

PPP 模式与传统的采购模式有所不同，在要求项目公司提供履约担保时，还需要考虑以下因素。

(1)社会资本成立项目公司的目的之一，就是通过项目责任的有限追索来实现风险剥离(即项目公司的投资人仅以其在项目公司中的出资为限对项目承担责任)，因此多数情况下项目公司的母公司本身可能不愿意为项目提供额外的担保。

(2)PPP 项目本身通常已经设置了保证项目公司按合同履约的机制(如付费机制和项目期限机制等)，足以激励和约束项目公司妥善履约。

(3)PPP 项目中并非采用的担保方式越多，担保额度越大，对政府就越有利，因为实际上每增加一项担保均会相应增加项目实施的成本。

3)选择履约担保方式的基本原则

为了更好地实现物有所值原则，在具体项目中是否需要项目公司提供履约担保以及提供何种形式的担保和担保制度，均需要具体分析和评估。一般的原则是，所选用的担保方式，足够保证项目公司按合同约定履约，且在出现违约的情形下政府有足够的救济手段即可。

如果项目公司的资信水平和项目本身的机制，足以确保项目公司没有履约担保时同样能够按照合同约定履约，且在项目公司违约的情形下，政府有足够的救济手段，则可以不需要项目公司提供履约担保。

反之，如果项目公司资信和项目机制均不足以确保项目公司按合同约定履约，且项目公司违约的时候，政府缺乏充足有效的救济手段，则需要项目公司提供适当的履约担保。

4)常见的履约担保方式——保函

在 PPP 的实践中，最为常见、有效的履约担保方式是保函。保函是指金融机构(通常是银行)应申请人的请求，向第三方(即收益人)开立的一种书面信用担保凭证，用以保证在申请人未能按双方协议履行其责任或义务时，该金融机构代其履行一定金额、一定期限范围内的某种支付责任或经济赔偿责任。在出具保函时，金融机构有可能要求申请人向金融机构提供抵押或者质押。

为了保证项目公司根据PPP项目合同约定的时间和质量实施项目，履行义务，政府可以要求项目公司提供一个或多个保函，具体可能包括建设期履约保函、维护保函、移交维修保函等。在PPP项目中，保函既包括项目公司向政府提供的保函，也包括项目承包商、分包商或供应商为担保其履行合同义务而向项目公司或政府提供的保函。

政府可以根据项目的实际情况，要求项目公司在不同期间提供不同的保函，常见的保函包括：

(1)建设期的履约保函，是比较常见的一种保函，主要用于担保项目公司能够按照合同约定的标准进行建设，并且能够按时完工。该保函的有效期是从项目合同全部生效之日起到建设期结束。

(2)运营维护期的履约保函(维护保函)，也称维护保函，主要用以保证项目公司在运营维护期内按照项目合同的约定履行运营维护义务。该保函的有效期通常视具体项目而定，可以一直延续到项目期限终止。在项目期限内，项目公司有义务保证该保函金额一直保持在规定的水平，一旦低于该金额，项目公司应当及时将该保函恢复至规定金额。

(3)移交维修保函。在一些PPP项目中，还可能会约定移交维修保函。移交维修保函提交时点一般在特许期满终止日12个月之前，担保至期满移交后12个月届满。

与此同时，在PPP项目合同签订前，政府还可以要求社会资本方提供下列保函。

(1)投标保函。在许多PPP项目中，政府会要求参与项目采购的社会资本提供一个银行保函，作为防止其恶意参与采购(如社会资本参与采购程序仅仅是为了获取商业信誉，而没有真正的签约意图)的一项保障。这类保函通常在采购程序结束并且确定社会资本同意或正式签署PPP项目合同时才会予以返还。因此，投标保函并不直接规定在PPP项目合同中，因为一旦签署了PPP项目合同，投标保函随即返还并且失效。

(2)担保合同前提条件成立的履约保函。在一些PPP项目中，为了确保社会资本方能够按照规定的时间达成融资交割等PPP项目合同中约定的前提条件，政府可能会要求社会资本方在签署PPP项目合同前向政府提交一份履约保函，以担保合同前提条件成立。该保函常在PPP项目合同条款全部生效之日返还并失效。

2. 政府的承诺

为了确保PPP项目的顺利实施，在PPP项目合同中通常会包括政府承诺的内容，用以明确约定政府在PPP项目实施过程中的主要义务。一般来讲，政府承诺需要同时具备以下两个前提：一是如果没有该政府承诺，会导致项目的效率降低，成本增加甚至无法实施；二是政府有能力控制和承担该义务。

由于PPP项目的特点和合作内容各有不同，需政府承担的义务有可能完全不同。在不同PPP项目合同中政府承诺有可能集中规定在同一条款项下，也有可能散见于不同条款中。实践中较为常见的政府承诺有以下6种。

1）付费或补助

在采用政府付费机制的项目中，政府按项目的可用性使用量或绩效来付费是项目的主要回报机制；在采用可行性缺口补助机制的项目中，也需要政府提供一定程度的补助。对于上述两类项目，按照合同约定的时间和金额付费或提供补助是政府的主要义务。

在一些供电、供气等能源类项目中，可能会设置"照付不议"的付费安排，即政府在项目合同中承诺一个最低采购量，如果项目公司按照该最低采购量供应有关能源，那么不论政府是否需要采购有关能源，政府均应按照上述最低采购量付费。

2）负责或协助获取项目相关土地权利

在一些PPP项目合同中，根据政府方的职权范围以及项目的具体情形，政府方有可能会承诺提供项目有关土地的使用权，或者为项目公司取得相关土地权利提供必要的协助。

3)提供相关连接设施

一些 PPP 项目的实施,可能无法由项目公司独自完成,还需要政府给予一定的配套支持,包括建设部分项目配套设施,完成项目与现有相关基础设施和公用事业的对接等。例如,在一些电力项目中,除了电厂建设本身,还需要建设输电线路以及其他辅助连接设施以实现上网或并网发电,这部分连接设施有可能由政府方建设或者由双方共同建设。因此,在这类 PPP 项目中,政府方可能会承诺按照一定的时间和要求负责建设的部分连接设施。

4)办理有关政府审批手续

通常 PPP 项目的设计、建设、运营等工作需要获得政府的相关审批后,才能实施。为了提高项目实施的效率,一些 PPP 项目合同中,政府方可能会承诺协助项目公司获得有关的政府审批。尤其是对于那些项目公司无法自行获得或者由政府方办理会更为便利的审批,甚至可能会直接规定由政府方负责办理并提供合法有效的审批文件。但政府承诺的具体审批范围以及获批方式,需要根据有关法律法规、项目具体情况以及获得相关审批的难易程度作具体评估。

5)防止不必要的竞争性项目

在采用使用者付费机制的项目中,项目公司需要通过从项目最终用户处收费以回收投资并获取收益,因此必须确保有足够的最终用户会使用该项目设施并支付费用。有鉴于此,在这类项目的 PPP 项目合同中,通常会规定政府方有义务防止不必要的竞争性项目,即通常所说的唯一性条款。例如,在收费公路项目中,通常会规定政府承诺在一定年限内,在 PPP 项目附近区域不会修建另一条具有竞争性的公路。

6)其他承诺

在某些 PPP 项目合同中有可能规定其他形式的政府承诺。例如,在污水处理和垃圾处理项目中,政府可能会承诺按时提供一定量的污水处理或垃圾处理以保证项目的运营。

第8章 秭归长江公路大桥竣(交)工验收管理

8.1 竣(交)工验收前的准备工作

8.1.1 竣(交)工验收工作职责划分

我国交通运输部门对公路工程验收分为交工验收和竣工验收两个阶段。交工验收是检查施工合同的执行情况，评价工程质量是否符合技术标准和设计要求，是否可以转移到下一阶段施工，或是否满足通车要求，对各参建单位工作进行初步评价。竣工验收是综合评价工程建设成果，对工程质量、参建单位和建设项目进行综合评价。

交工验收由项目法人负责。竣工验收由交通主管部门按项目管理权限负责。交通运输部负责国家、部重点公路工程项目中100km以上的高速公路、独立特大型桥梁和特长隧道工程的竣工验收工作；其他公路工程建设项目，由省级人民政府交通主管部门确定的有关单位负责竣工验收工作。

8.1.2 公路工程竣(交)工验收依据

公路工程竣(交)工验收的依据包括如下5项：
(1)批准的工程可行性研究报告；

(2)批准的工程初步设计、施工图设计及变更设计文件;

(3)批准的招标文件及合同文本;

(4)行政主管部门的有关批复、批示文件;

(5)交通部颁布的公路工程技术标准、规范、规程及国家有关部门的相关规定。

8.1.3 交工验收前的准备工作

秭归长江公路大桥建设按照设计文件和招投标工程量清单,由施工承包单位完成全部合同约定工程建设任务后,先由施工承包单位按照现行行业标准《公路工程质量检验评定标准 第一册 土建工程》(JTG F80/1—2017)的规定进行自检、评定,满足要求后,方可申请交工验收。

(1)秭归长江公路大桥在进行交工验收前,应由项目公司组织监理单位、设计单位、施工单位、第三方检测单位以及大桥建设专家组对工程进行全面的检查,凡不符合设计、技术标准和规范要求的质量缺陷,均应进行整修和处理,保证工程的交工验收能正常进行。

(2)交工验收前应恢复施工测量控制网以及施工区域内的导线点、水准点,验收需要的测点、测桩应完好。

(3)应按现行《公路工程竣(交)工验收办法》以及国家、地方档案管理部门的要求,编制完成交工资料、施工自检报告和施工总结报告等文件。

8.2 交工验收管理

8.2.1 交工验收条件

秭归长江公路大桥PPP项目(合同段)进行交工验收应具备以下条件:

(1)合同约定的各项内容已完成;

(2)施工单位按交通部制定的《公路工程质量检验评定标准》及相关规定的要求,对工程质量自检合格;

(3)监理工程师对工程质量评定合格;

(4)质量监督机构按交通部规定的公路工程质量鉴定办法,对工程质量进行检测(必要时可委托有相应资质的第四方检测机构承担检测任务),并出具检测意见;

(5)竣工文件已按交通部规定的内容编制完成;

(6)施工单位、监理单位已完成本合同段的工作总结。

公路工程各合同段符合交工验收条件后,经监理工程师同意,由施工单位向项目法人提出申请,项目法人应及时组织对该合同段进行交工验收。

8.2.2 交工验收的主要工作内容

交工验收的主要工作内容是:

(1)检查合同执行情况;

(2)检查施工自检报告、施工总结报告及施工资料;

(3)检查监理单位独立抽检资料、监理工作报告及质量评定资料;

(4)检查工程实体,审查有关资料,包括主要产品质量的抽(检)测报告;

(5)核查工程完工数量是否与批准的设计文件相符,是否与工程计量数量一致;

(6)对合同是否全面执行、工程质量是否合格作出结论,按交通主管部门规定的格式签署合同段交工验收证书;

(7)按交通部规定的办法对设计单位、监理单位、施工单位的工作进行初步评价。

8.2.3 交工验收工作

1. 参加验收单位的主要职责

项目法人负责组织公路工程各合同段的设计、监理、施工等单位,参加交工验收。拟交付使用的工程,应邀请运营、养护管理单位参加。参加验收单位的主要职责有以下4项。

1)项目法人的工作职责

(1)项目法人负责组织各合同段参建单位,完成交工验收工作的各项内容,总结合同执行过程中的经验,对工程质量是否合格作出结论。

(2)项目法人组织监理单位按《公路工程质量检验评定标准》的要求对各合同段的工程质量进行评定。

(3)项目法人根据对工程质量的检查及平时掌握的情况,对监理单位所做的工程质量评定进行审定。

2)设计单位的工作职责

设计单位负责检查已完成的工程是否与设计相符,是否满足设计要求。

3)监理单位的工作职责

(1)监理单位负责完成监理资料的汇总、整理,协助项目法人检查施工单位的合同执行情况,核对工程数量,科学、公正地对工程质量进行评定。

(2)监理单位根据独立抽检资料对工程质量进行评定,当监理按规定完成的独立抽检资料不能满足评定要求时,可以采用经监理确认的施工自检资料。

4)施工单位的工作职责

施工单位负责提交竣工资料,完成交工验收准备工作。

2. 工程质量评定工作

1）分项工程划分与评定

秭归长江公路大桥质量检验评定应按《公路工程质量检验评定标准 第一册 土建工程》(JTG F80/1—2017)划分分项工程、分部工程和单位工程，逐项进行质量检验评定，并应符合以下5项规定。

(1)在合同段中，具有独立施工条件和结构功能的工程为单位工程。

(2)在单位工程中，按线路长度、结构部位及施工特点等划分的工程为分部工程。

(3)在分部工程中，根据施工工序、工艺或材料等划分的工程为分项工程。

(4)分项工程完工后，应根据《公路工程质量检验评定标准 第一册 土建工程》(JTG F80/1—2017)标准进行检验，对工程质量进行评定。隐蔽工程在隐蔽前应检查合格。

(5)分部工程、单位工程完工后，应汇总所属分项工程、分部工程质量资料，检查外观质量，对工程质量进行评定。

2）分项工程质量的检验工作

(1)分项工程应按基本要求、实测项目、外观质量和质量保证资料等检验项目分别检查。

(2)分项工程质量应在所使用的原材料、半成品、成品及施工控制要点等符合基本要求的规定，无外观质量限制缺陷且质量保证资料真实齐全时，方可进行检验评定。

(3)基本要求的检查应符合下列规定：

①分项工程应对所列基本要求逐项检查，经检查不符合规定时，不得进行工程质量的检验评定；

②分项工程所用的各种原材料的品种、规格、质量及混合料配合比和半成品、成品，应符合有关技术标准规定并满足设计要求。

3) 检验合格率计算

(1) 实测项目检验按规定的检查方法和频率进行随机抽样检验并计算合格率。

$$检查项目合格率(\%) = \frac{合格点(组)数}{该检查项目全部点(组)数} \times 100\% \quad (8-1)$$

(2) 秭归长江公路大桥关键项目的合格率不应低于95%(机电工程为100%),否则为不合格。

4) 质量保证资料的检查

工程应有真实、准确、齐全、完整的施工原始记录,还应有试验检测数据、质量检验结果等质量保证资料,应包括以下6项内容。

(1) 所用原材料、半成品、成品的质量检验结果。

(2) 材料配合比、拌和加工控制检验和试验数据。

(3) 地基处理、隐蔽工程施工记录和桥梁、隧道施工监控资料。

(4) 质量控制指标的试验记录和质量检验汇总图表。

(5) 施工过程中遇到的非正常情况记录及其对工程质量影响的分析评价资料。

(6) 施工过程中如发生质量事故,经处理补救后达到设计要求的认可证明文件。

5) 工程质量等级评定

工程质量等级应分为合格和不合格。

(1) 分项工程质量评定合格应符合下列规定:①检验记录应完整;②实测项目应合格;③外观质量应满足要求。

(2) 分部工程质量评定合格应符合下列规定:①评定资料应完整;②所含分项工程应合格;③外观质量应满足要求。

(3) 单位工程质量评定合格应符合下列规定:①评定资料应完整;②所含分部工程应合格;③外观质量应满足要求。

(4) 所含单位工程合格,该合同段评定为合格。所含合同段合格,该建设项目评定为合格。

6) 不合格工程的处理

评定为不合格工程的分项工程、分部工程，经返工、加固、补强或调测，满足设计要求后，可重新进行检验评定。

检验项目评为不合格的，应进行整修或返工处理，直至合格。

对交工验收提出的工程质量缺陷等遗留问题，应采取有效措施，由施工单位在规定的期限内完成。

3. 交工验收报告

公路工程各合同段验收合格后，项目法人应按交通部规定的要求及时完成项目交工验收报告，并向交通主管部门备案。国家、部重点公路工程项目中100km以上的高速公路、独立特大型桥梁和特长隧道工程向省级人民政府交通主管部门备案，其他公路工程按省级人民政府交通主管部门的规定向相应的交通主管部门备案。交工验收报告如表8-1所示。

4. 检测报告

公路工程各合同段验收合格后，质量监督机构应向交通主管部门提交项目的检测报告。交通主管部门在15天内未对备案的项目交工验收报告提出异议，项目法人可开放交通进入试运营期。试运营期不得超过3年。

5. 交工遗留问题处理

交工验收提出的工程质量缺陷等遗留问题，由施工单位限期完成。

表8-1 公路工程交工验收报告

一	工程名称	
二	工程地点及主要控制点	

续表

三	建设依据	
四	技术标准与主要指标	
五	建设规模及性质	
六	开工日期	年　　月　　日
	交工日期	年　　月　　日
七	批准概算	
八	工程建设主要内容	
九	实际征用土地数(亩)	
十	建设项目工程质量交工验收结论	
十一	存在问题及处理措施	
十二	附件	①各合同段工程质量评分一览表； ②各合同段交工验收证书

8.3　竣工验收管理

8.3.1　竣工验收条件

秭归长江公路大桥PPP项目工程进行竣工验收应具备以下条件：

(1)通车试运营2年后；

(2)交工验收提出的工程质量缺陷等遗留问题已处理完毕，并经项目法人验收合格；

(3)工程决算已按交通部规定的办法编制完成，竣工决算已经审计，并经交通主管部门或其授权单位认定；

(4)竣工文件已按交通部规定的内容完成；

(5)对需进行档案、环保等单项验收的项目，已经有关部门验收合格；

(6)各参建单位已按交通部规定的内容完成各自的工作报告；

(7)质量监督机构已按交通部规定的公路工程质量鉴定办法对工程质量检测鉴定合格，并形成工程质量鉴定报告。

公路工程符合竣工验收条件后，项目法人应按照项目管理权限及时向交通主管部门申请验收。交通主管部门应当自收到申请之日起30日内，对申请人递交的材料进行审查，对于不符合竣工验收条件的，应当及时退回并告知理由；对于符合验收条件的，应自收到申请文件之日起3个月内组织竣工验收。

8.3.2 竣工验收的主要工作内容

秭归长江公路大桥竣工验收的主要工作内容是：

(1)成立竣工验收委员会；

(2)听取项目法人、设计单位、施工单位、监理单位的工作报告；

(3)听取质量监督机构的工作报告及工程质量鉴定报告；

(4)检查工程实体质量、审查有关资料；

(5)按交通部规定的办法对工程质量进行评分，并确定工程质量等级；

(6)按交通部规定的办法对参建单位进行综合评价；

(7)对建设项目进行综合评价；

(8)形成并通过竣工验收鉴定书。

8.3.3 竣工验收工作

1. 组建验收委员会

竣工验收委员会由交通主管部门、公路管理机构、质量监督机构、造价管理机构等单位代表组成。大中型项目及技术复杂工程，应邀请有关专家参加。国防公路应邀请军队代表参加。

项目法人、设计单位、监理单位、施工单位、接管养护等单位参加竣工验收工作。

2. 验收工作职责

参加竣工验收工作各方的主要职责包括以下 5 项。

(1)竣工验收委员会负责对工程实体质量及建设情况进行全面检查。按交通部规定的办法对工程质量进行评分,对各参建单位进行综合评价,对建设项目进行综合评价,确定工程质量和建设项目等级,形成工程竣工验收鉴定书。

(2)项目法人负责提交项目执行报告及验收所需资料,协助竣工验收委员会开展工作。

(3)设计单位负责提交设计工作报告,配合竣工验收检查工作。

(4)监理单位负责提交监理工作报告,提供工程监理资料,配合竣工验收检查工作。

(5)施工单位负责提交施工总结报告,提供各种资料,配合竣工验收检查工作。

3. 评分办法与合格标准

竣工验收工程质量评分采取加权平均法计算,其中交工验收工程质量得分权值为 0.2,质量监督机构工程质量鉴定得分权值为 0.6,竣工验收委员会对工程质量评定得分权值为 0.2。

工程质量评定得分大于或等于 90 分为优良,小于 90 分且大于或等于 75 分为合格,小于 75 分为不合格。

竣工验收委员会按交通部规定的办法对参建单位的工作进行综合评价。评定得分大于或等于 90 分且工程质量等级优良的为好,小于 90 分且大于或等于 75 分为中,小于 75 分为差。

竣工验收建设项目综合评分采取加权平均法计算,其中竣工验收工程质量得分权值为 0.7,参建单位工作评价得分权值为 0.3(项目法人占

0.15，设计、施工、监理各占0.05）。

评定得分大于或等于90分且工程质量等级优良的为优良，小于90分且大于或等于75分为合格，小于75分为不合格。

4. 竣工验收证书的签发

负责组织竣工验收的交通主管部门对通过验收的建设项目，按交通部规定的要求签发《公路工程竣工验收鉴定书》。

通过竣工验收的工程，由质量监督机构依据竣工验收结论，按照交通部规定的格式对各参建单位签发工作综合评价等级证书。

第9章 秭归长江公路大桥PPP的项目绩效及后评价

9.1 秭归长江公路大桥PPP项目试运营管理

9.1.1 试运营的基本条件

秭归长江公路大桥 PPP 项目建设完工后，由项目业主单位即地方政府与社会资本方联合组建的项目公司组织对秭归长江公路大桥 PPP 项目建设的交工验收。交工验收由项目公司主持，邀请省市县交通主管部门及其交通基本建设质量监督部门参加，秭归长江公路大桥 PPP 项目建设的设计单位、监理单位、施工单位、监控单位、跟踪审计单位、第三方检测单位、第四方复校检测单位、秭归长江大桥建设指挥部及其专家组，以及项目有关各参建单位参加交工验收。

只有当秭归长江公路大桥 PPP 项目经交工验收合格后，PPP 项目方准许进入试运营阶段。

同时，秭归长江公路大桥 PPP 项目进入全面的养护责任阶段以及竣工验收工作的准备阶段。

在秭归长江公路大桥试运营阶段，秭归长江公路大桥 PPP 项目的各工区施工单位应根据交工验收意见，安排施工人员、机械设备和材料，处理验收中发现的遗留问题，并进行项目试运营阶段的正常养护和维护工作，整理竣工验收资料，做好秭归长江公路大桥 PPP 项目竣工验收准备工作。项目的建设监理单位应安排项目养护责任期相应的监理人员，全面负责秭归长江公路大桥养护责任期监理工作。

9.1.2 试运营期的管理工作

试运营基本条件评估是确保建设与运营单位顺利交接的关键步骤，也是确保运营安全的关键环节。试运营阶段，项目公司可以参考如下步骤进行试运营管理。

1. 设定项目试运营时间

秭归长江公路大桥属于国家交通基础设施建设项目，按照交通运输主管部门的有关规定，交通基础设施项目从交工验收到竣工验收之间一般设定两年质量缺陷责任期。质量缺陷责任期内由施工单位负责其所施工建设的交通基础设施的试运营维护、养护工作，以确保试运营期间正常通车运营。因此，秭归长江公路大桥 PPP 项目试运营时间可设定两年试运营期限。试运营期满申请交通主管部门组织主持秭归长江公路大桥 PPP 项目竣工验收。竣工验收之后，秭归长江公路大桥 PPP 项目进入 PPP 协议和特许经营权约定的正常运营阶段。

2. 项目运行情况监测

在秭归长江公路大桥交工验收之后的试运营期间，应由项目公司组织施工承包单位和建设监理单位通过对项目各项功能性设施的运作情况进行检测，掌握设施运行安全性、合规性是否符合标准，确保试运营期间项目运转正常。

3. 项目效益情况观察

秭归长江公路大桥 PPP 项目公司应及时掌握项目试运营期间的效益情况，分析收益合理性，评估未来预计收益，看是否符合项目初始设定。

4. 项目问题及完善措施

在秭归长江公路大桥的试运营期间，PPP 协议涉及的地方政府投资平台和社会资本方都应该通过项目公司及时发现并解决项目中存在的问题及政策漏洞等，同时完善规章制度及组织架构，为后续正式运营作好充分准备。

9.2 秭归长江公路大桥 PPP 项目全寿命周期的价值管理

秭归长江公路大桥 PPP 项目是国家交通运输基础设施建设项目，必须实行全寿命周期的价值管理。全寿命周期价值管理是在建设项目全寿命周期内实施一系列的管控措施，使之达到社会经济的最大价值的过程，是全寿命周期管理与价值管理的结合。秭归长江公路大桥 PPP 项目全寿命周期包括项目前期工作阶段、建设阶段和运营阶段，不同的项目管理阶段具有不同的管理目标。秭归长江公路大桥 PPP 项目总目标是社会效益的最大化和社会资本效益的长期稳定性。项目建设期间的基本目标是：在安全第一、质量第一、环境第一目标下的投资控制和进度控制。项目运营期间的目标是：项目运营安全、桥梁使用性能优良、交通保障、社会经济效益稳步增长。全寿命周期价值管理除了力争使项目在建设过程中花费的总成本最低之外，还考虑了时间、质量功能、符合性以及社会和环境影响等多种因素。因此，全寿命周期价值的大小全面地反映了项目综合管理效益的好坏。

将项目价值管理和全寿命周期管理相结合，充分运用生命周期价值管理方法，对秭归长江公路大桥 PPP 项目全寿命周期价值进行分析和控制的实质，就是对秭归长江公路大桥全寿命周期各个不同阶段的备选方案进行价值分析，实现秭归长江公路大桥 PPP 项目全寿命周期最优价值。正确运用价值管理方法，从众方案中选择最优方案，可以控制秭归长江公路大桥 PPP 项目全寿命周期成本，实现最佳的全寿命周期价值。

9.2.1 PPP 项目全寿命周期管理的各个阶段

在秭归长江公路大桥 PPP 项目全寿命周期内的不同阶段，价值管理的侧重点与方法也是不同的。总结秭归长江公路大桥前期价值管理更有助于实现全寿命周期价值管理。

1. 决策阶段

在秭归长江公路大桥 PPP 项目最初的决策阶段中，价值管理以政府为主体，其价值管理的主要任务是确定秭归长江公路大桥 PPP 项目的大方向和总体方案，如项目选址、建设方案、技术经济指标、资金筹措、招商引资模式的选择等。决策阶段的价值管理目标是以政府有限的资金补助成功地引入社会资本建设秭归长江公路大桥。在决策阶段社会资本方的价值管理目标则是：选择优良的 PPP 项目，更多地争取政府的项目资金补助和政策支持，赢得社会资金长期稳定的增长与企业的发展。因而，此阶段的价值管理着眼于为秭归长江公路大桥 PPP 项目的顺利实施奠定良好基础。

2. 设计阶段

秭归长江公路大桥是国家交通基础设施项目，在 PPP 项目建设中政府方的职责是实现国家和社会、公众的效益最大化。因此，秭归长江公路大桥的设计由政府方负责招标采购与设计管理。为保证社会效益最大化，政府方设定最小限额投资设计。国家基础设施项目中，对于直接服务于社会、造福于人民的国家社会民生工程项目，其限额设计思想有别于其他项目：第一，公路工程项目必须最大限度地满足人民群众的出行需求；第二，公路工程项目必须最大限度地满足城镇布局和新农村建设规划布局要求；第三，公路工程项目还必须最大限度地满足工农业生产发展和国民经济长远发展需求；第四，公路工程项目必须最大限度地满足远景交通量的通行能力要求；第五，公路工程项目也应该满足可持续发展战略目标需求。

设计阶段的价值管理对于秭归长江公路大桥PPP项目最终价值的实现具有重大的意义。节约建设项目成本的最大可能阶段就是在设计阶段，建设成本的节约应该体现在科学的设计与方案的优化，而非降低设计标准和功能指标。随着设计工作的进一步开展，建设项目的构成进一步明确，成本可以优化的空间越来越小，同时优化的限制越来越多。因而，在设计阶段进行价值管理，能够更好地发挥设计的创造性，满足社会需要，使价值转化为设计因素，并大幅度提高投资经济效益。

但是，对于PPP项目设计阶段价值管理，政府方与社会资本方有着不同的目标。在设计阶段应用价值管理，是一种通过对产品的功能分析，使之以较低的总成本，可靠地实现产品的必要功能，从而提高产品价值的一套科学的技术经济方法。它是处理工程造价和功能矛盾的一种现代方法。运用这种方法就可以通过功能细化，把多余的功能去掉，对造价高的功能实施重点控制，从而最终降低工程造价，实现建设项目经济效益、社会效益和环境效益的最佳结合。这才是政府与社会资本设计价值目标的统一，才是价值管理的最终目标。

3. 施工阶段

施工阶段在秭归长江公路大桥PPP项目价值形成过程中占着极为重要的地位，它将劳动转化为建设项目的使用功能和价值。同时，施工阶段相对于设计阶段来说，是一个相对漫长的阶段，虽然施工阶段对总造价的影响程度较小，但通过施工阶段的价值管理，可以检查设计阶段的价值管理效果，提高设计的水平和质量，提高建设项目的使用功能和使用价值，从而提高建设项目的整体价值。在传统的目标管理模式下，成本、质量、进度等三大目标往往会顾此失彼，带来不必要的损失。进行价值管理可以弥补这方面的不足，价值管理从功能分析入手，强调的是建设项目功能提高和成本合理降低的有机结合，符合可持续发展和循环经济的思想，可促进资源的合理节约。

4. 运营阶段

运营阶段在PPP项目全寿命周期中占据的时间最长，一般要占到90%以上。在这漫长的周期里，秭归长江公路大桥PPP项目将兑现本身的使用价值和功能。同时，运营方要投入大量的运营和维修费用。因而，这个阶段价值管理的意义也十分重大。推行桥梁预防性养护管理是实现运营阶段价值管理的有效途径之一。

9.2.2 PPP项目价值管理机构

一般来说，政府和社会资本双方在PPP项目中共担风险，共享收益，共同对项目的决策、设计、施工和运营负责。因此，实施PPP价值管理对于提高PPP项目的价值有着独特意义。

秭归长江公路大桥PPP项目中由于有多种资本的注入，资本结构复杂，利益相关方众多，具体负责PPP项目运作的主体是PPP项目公司，由其负责PPP项目的价值管理也是最合适的。

要做好项目的价值管理，项目公司应具备相应的能力。从全寿命周期价值管理的角度出发，价值管理团队成员应包括投资咨询师、项目管理师、工程师、设计师、监理师、造价师、建造师、运营师、物业管理师等专业技术和管理人员。以上人员应具有投资施工和运营的专业管理能力，能对项目可选择方案进行评估。价值管理往往是以经验为基础的，项目公司也应当对PPP项目当前及长期的目标有着充分的认识，对提高PPP项目的价值有必要的紧迫感，对未来的风险和不确定性有着必要的准备，以促进PPP项目绩效的提高，争取获得稳定的收益和投资回报。

9.2.3 PPP 项目价值管理的基本流程

1. 确定价值管理在全寿命周期的介入点

价值管理实施的范围，可拓展到 PPP 项目全寿命周期的各个阶段。结合 PPP 项目具体特点，管理人员可确定 PPP 项目实施价值管理的最优介入点。项目决策阶段的项目规划建议书、可行性研究，设计阶段的初步设计、技术设计和施工图设计，还有施工阶段的质量、进度及造价管理，以及运营阶段的生产运营和维护，移交阶段的残值处理等，每个阶段都会对项目的价值造成影响。考虑到节约的可能性和项目的可塑性，以及方案变更所引起的工程造价增加和工期延误，价值管理启用的阶段越早、层次越高，就越有利。

秭归长江公路大桥 PPP 项目的价值管理在政府方的规划识别阶段就已经开始。把秭归长江公路大桥纳入的 PPP 模式运作，成功地启动全国交通运输部门第一个重大基础设施建设 PPP 项目，成功地引入社会资本，并与社会资本方联合组建项目公司，成功地招标投标和建设管理，实现质量安全与造价的有效控制就是最好的价值管理，在保质、保量、保安全前提下的提前交工试运营就是最好的价值管理。运营期间的价值管理在于运用预防性养护理论维护好桥梁使用性能，提高交通通行能力。如此，可实现秭归长江公路大桥全寿命周期价值管理。

2. 识别各介入点的利益相关者及其需求

价值管理必须在识别不同利益相关者的基础上，确定利益相关者的价值体系，明确利益相关者的文化组织、功能、时间、质量和成本等方面的侧重点，在设计、施工和运营中最大限度地满足利益相关者在各侧重点上的要求。PPP 项目核心价值源于利益相关者的需求，因此 PPP 项目的绩效管理就是实现利益相关者的核心价值，达到项目既定目标的过程。以利益相关者的需求作为价值管理的推动因素，可以保障价值管理向着提高各方面价值的方向迈进。

3. 明确价值管理的方法

在 PPP 项目价值管理框架内,其价值链可定义为一系列互有联系的价值增加活动。在 PPP 项目中存在多个单元工程价值链,在不同工程建设阶段价值的转移创造了工程价值链。不同的阶段价值产生的途径不同,价值的流向不同,各阶段错综复杂的价值链前后相接形成了项目整体的价值链。PPP 项目中利益相关者众多,各自的价值链相互交织。PPP 项目的项目公司不同于一般建设项目的业主单位,政府作为 PPP 项目合作方,行使使用国家财政和管理公用设施的相关权力,应当向社会公众提供高等级的公共产品和服务。因而,公共基础设施 PPP 项目的工程价值链不仅要满足商业目标,更要满足社会目标、环境目标等。在 PPP 项目中,项目的价值链直接与项目公司的价值链相关,而项目的价值链由设计价值链、施工价值链和运营价值链实现。通过对价值流的分析可以发现价值传递的路径,为制定有效的价值管理方法提供基础支撑。

PPP 模式下,价值管理人员应从设计价值链、施工价值链和运营价值链整体上考虑项目价值,使设计方案在可实施性和运营性上充分实现 PPP 项目的价值。例如,在设计阶段,设计人员应考虑原材料、预制件等材料的采购,在保证材料质量的前提下尽量降低材料成本,还应考虑具体的施工方法、施工器械及运营以后的成本(能源消耗、维修成本等)。把施工承包商的知识、经验运用到设计过程中,提高设计的可施工性,从而减少变更和有缺陷的产品,以保证进度。PPP 模式最大的优点在于过程的整合,考虑了采购程序中价值增值过程和项目未来的增值潜力,把它们有效地整合在一起。

4. 分阶段实施价值管理

PPP 项目在决策阶段和运营阶段的价值管理非常重要。决策阶段价值管理主要由政府部门完成。这一阶段有两个任务：项目选择和可行性研究。确定待开发的项目是否可采用 PPP 模式，是开发的第一步。这些项目通常是政府前期规划的尚未开发的项目，或者根据实际需要政府临时动议的项目。与其他项目不同，对于 PPP 项目来说，可行性研究的内容不仅包括对项目进行市场、技术经济等方面的评价，还要对项目实施 PPP 模式可行性进行评估，包括对社会资本的吸引力、社会资本的实力、社会资本的风险承受能力等方面进行综合评估，分析是否适合采用 PPP 模式，在确认可行后，政府开始组织项目业主招标。

设计阶段的价值管理与一般建设项目设计阶段的价值管理基本相同，但是应当充分考虑利益相关者的影响。设计阶段包含初步设计和施工图设计，将两者的价值管理融合在一起，可以最大限度地发挥价值管理作用。PPP 模式为设计—施工一体化提供了良好的平台，有利于在设计中充分结合施工现场的条件，采用创新性的设计方案；有利于新技术和新材料在施工过程中的应用；也利于设计方案的优化和施工方案的优化以及二者之间的结合。这样既能缩短施工时间，获得更多的运营时间，又能为运营阶段的设施使用和维护奠定良好的基础条件，降低运营成本，促进价值的提高。

运营阶段在 PPP 项目中占据重要的地位，一般特许权期为 25~30 年。其中施工时间一般为 3~4 年，运营时间超过 20 年，运营阶段对于 PPP 项目的成败非常重要。在运营期内，PPP 项目公司负责项目的正常营运、维护、修理，依靠政府补贴和市场化运作获得收益，项目本身的使用价值和功能在运营期内得到充分发挥。价值管理对于降低运营和维修费用，并提高收益水平的意义十分重大。在该阶段的价值管理强化日常财务和融资计划的创新，以有效降低财务和融资成本；注重相关运营设施的选用和维护，通过对运营设施功能和成本的分析，选择购买或者租赁合适的设施，有效使用设施，降低维护费用，达到增值目的。

移交阶段应用价值管理的关键在于对 PPP 项目的价值评估，建立相应的评价体系，为今后改进 PPP 项目的准备阶段决策、管理、监督等工作创造经验,并为提高 PPP 模式的投资效益提出切实可行的改进措施。另一方面,此阶段的价值管理可在此基础上,提出 PPP 项目移交后的处理方法和后期营运的关键点(如由政府接管、由原项目公司继续运营或者重新招标采用 TOT 模式继续运营等)。

PPP 项目价值管理的基本流程如图 9-1 所示,该流程以利益相关者的需求作为管理的出发点,以价值的增值为最终目标。图中"利益相关者的需求详细化"是整个价值管理中的重要环节。如前面所述,PPP 项目中利益相关者的价值链交织在一起,运用价值链理论若不能很好地解释和说明价值的流动,无法充分识别增值环节,也就无法充分促进价值的提高。因而,正确识别利益相关者的需求对价值管理的实现至关重要。另一方面,PPP 项目各个阶段的价值管理相互联系,在每个阶段应用价值管理都要作出决策或选择,从而使 PPP 项目达到最大的价值。因此,各个阶段的决策都不是任意确定的,它应该遵循全寿命周期价值管理的原则,即取决于当前的各种条件,又会影响以后各个阶段的价值。当所有阶段的价值管理完成后,就形成了一个价值管理的序列,决定了整个项目价值管理的效果,所以可以把建设项目全寿命周期价值管理看成一个前后关联、具有链状结构的多阶段价值管理过程。这一过程与 PPP 项目的绩效管理相互促进,价值管

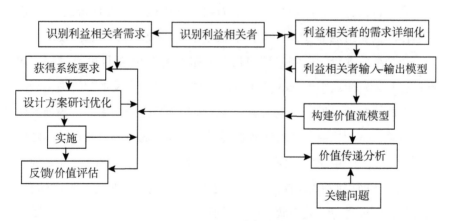

图 9-1 PPP 项目价值管理流程图

理的效果将对 PPP 项目的绩效产生巨大的影响，并有助于提升 PPP 项目的绩效管理。

9.3 秭归长江公路大桥 PPP 项目的绩效评估

绩效评价是对公共资源的使用和管理的一种有效衡量评价与监督手段。秭归长江公路大桥项目的绩效评价是从政治、经济、社会、生态等多方面对项目的各种成本与效益进行的一种科学评估。

PPP 项目后评价是对秭归长江公路大桥后期的项目实施过程的运营效益和对国民经济的贡献等，进行系统、客观的分析，是秭归长江公路大桥 PPP 项目建设程序中的一个重要组成部分。

秭归长江公路大桥 PPP 项目应通过基于建设质量和运营效率的绩效评估。政府监管重点是建设期安全和运营期的桥梁使用性能，而不必干涉特许经营者通过何种具体方法满足绩效要求，以此发挥其能动性和创造性。

秭归长江公路大桥 PPP 项目的绩效评价的目的在于通过全面的总结，不断提高 PPP 项目决策、设计、施工、管理运营的水平，达到合理利用资金、提高投资效益、提高交通通行能力和服务水平及最大化公众福利等目的，并为制定相关政策提供科学依据。绩效评价是 PPP 模式运作的重要组成部分，是其全寿命周期中不可缺少的信息反馈环节。

通过绩效评价，反映出秭归长江公路大桥 PPP 项目决策过程、建设过程和运营阶段中出现的系列问题，并将各类信息反馈到管理决策部门，以此检验项目投资决策正确与否，促进项目全寿命周期中各项工作不断改善，从而构成完整的绩效管理系统。同时通过有效管理，不断促进 PPP 模式应用的规范化和标准化，向社会资本和公众展现良好的政府形象，从而更好地吸收社会资本，推动公共基础设施的建设和运营，契合公共管理理论，实现政府的有效管理。

9.3.1 PPP 项目的虚拟标杆

1. 标杆管理简介

标杆管理法是企业生产中持续改进优化经营策略和追求高绩效的方法之一。标杆管理的核心是以行业内最优秀企业作为学习的榜样，以它的管理效率和水准作为标杆。通过学习，企业重新思考和改进经营思路和管理方法，创造自己的最佳业绩，争取赶上和超过竞争对手，成为行业中的强者。

2. 虚拟标杆

进行标杆管理的关键是寻找、确立标杆。实施标杆管理，首先要解决两个关键性的问题：秭归长江公路大桥 PPP 项目标杆标准是什么，即树什么标杆；确定标杆的高度，即管理目标值。在传统的标杆管理中，要实施标杆标准，首先要解决的是与谁进行比较以及比较什么，即向标杆学习什么的问题。

实现秭归长江公路大桥 PPP 项目的最优价值是其最终的目标，不同的利益相关者有着相同与不同的期望与目标，绩效管理中可以分析实际项目运作时与最终目标和绩效目标的差距，找到薄弱环节，进行有针对性的改进，提高项目的绩效，并以这两个目标构成 PPP 项目的内外标杆。所以，PPP 项目的最优价值和绩效目标是其内含的两个虚拟标杆。虚拟标杆并不是实际项目可以达到的目标，并不是实际存在的竞争对手或者竞争性项目，而是通过努力自我实现的目标，因而具有虚拟的特点。不同于传统的标杆管理，虚拟标杆的确立为 PPP 寻找到两个存在于项目内部和凌驾于不同类型的 PPP 项目之上的标杆。虚拟标杆的确立应当满足利益相关者的共同需求，因而离不开 PPP 项目利益相关者识别、选择和实现的共同绩效目标指标体系。

9.3.2 PPP 项目综合绩效评价体系

1. 基于虚拟标杆的 PPP 综合绩效评价体系

企业关键业绩指标(Key Performance Indicator，KPI)是通过对组织内部流程的输入端、输出端的关键参数进行设置、取样、计算、分析，以衡量流程绩效的一种目标式量化管理指标，是把企业的战略目标分解为可操作的工作目标的工具，是企业绩效管理的基础。KPI 可以使部门主管明确部门的主要责任，并以此为基础，明确部门人员的业绩衡量指标。建立明确的切实可行的 KPI 体系，是做好绩效管理的关键。

秭归长江公路大桥 PPP 项目的绩效目标可以视为 PPP 项目绩效评价中的虚拟标杆。虚拟标杆的设定分为内部标杆和外部标杆。对于一个特定的 PPP 项目而言，其内部标杆就是该项目在策划阶段设定的绩效目标值。通过利益相关者对项目绩效目标的设定而得到的标杆是 PPP 项目全过程中不断自我衡量的标准尺度。将绩效指标与 KPI 相联系，设定为完成既定的目标而必须达到的 KPI 标杆指数，在全寿命周期内不断缩短各个 KPI 与虚拟标杆的距离，以此作为未来项目运作中的调整方向，达到不断提升绩效的目的。另外，PPP 项目的外部标杆是所有同类 PPP 项目全部绩效指标的水准都能达到的最优值。事实上，这往往是一个难以达到的水平，但为了激励 PPP 项目中的利益相关者共同提高项目绩效，设定外部标杆的作用在于为不同的 PPP 项目提供一个合理的、同一水平的评价平台，考察各个 PPP 项目的绩效水平差异，为共同提高同行业 PPP 模式的产出提供参考。

秭归长江公路大桥建设期间的一个关键性 KPI 值，是建设期提前 3 个月，以确保 2019 年 10 月 1 日完成交工验收试运营。

KPI 值可分为静态和动态的指标，目的在于充分考虑秭归长江公路大桥 PPP 项目在既定的较为恒定的宏观环境和变化的项目内部环境影响下的绩效变化。静态指标被编至物理特征指标部分。由于这些绩效指标是在项目进入设计、施工阶段之前就确定的,因而它们也被视为对项目后面设计、施工和运营阶段的边界条件,是输入型指标,反映了 PPP 项目的使用效能,即对 PPP 项目目标达成和努力方向起到决定性作用。动态指标可以视为 PPP 项目中的输出型指标,它们反映了 PPP 项目进程中效率经济性和合作伙伴关系的变化。通过将输入型指标和输出型指标相联系,建立输入/输出模型。将项目以时间节点作为决策单元(Decision Making Units,DMU),可以衡量各个时间节点决策单元(DMU)的有效性变化,从而反映出项目绩效的变化。

因而,秭归长江公路大桥 PPP 项目的综合绩效评价可以分为两个阶段。整个绩效评价的流程可以从两个层面、两个阶段进行评价。

第一阶段主要是对秭归长江公路大桥 PPP 项目采购阶段的绩效进行评价,用以评价的指标是来自于物理特征指标部分的 KPI,而该阶段所采用的内部标杆是通过绩效目标水准设定得到的,外部标杆是通过绩效目标的最优值得到的。进行绩效评价时,需要分两种情况进行下一阶段的绩效管理:第一种是当绩效不足时,由于物理特征指标在 PPP 项目的施工运营阶段不会发生变化或者只发生微小的变化,因而下一阶段的某些绩效指标的虚拟标杆要进行相应的调整,避免下面阶段中虚拟标杆设置过高,打击利益相关者的积极性;第二种是绩效满足要求时,可以与外部标杆相比较,以期在下一阶段获得更高的绩效。同时,应用外部标杆计算得到的绩效可以与同行业不同 PPP 项目进行横向比较,通过学习同行之间的先进经验来提高自身的绩效水平。

第二阶段主要应用含有标杆限定的异同平均数(DEA)方法测算施工和运营期的绩效变化。通过计算结果的有效性判断进程中的活动有效性,并以此计算各个时间节点的绩效。

2. 秭归长江公路大桥 PPP 项目绩效评价的虚拟标杆量化

对秭归长江公路大桥 PPP 项目进行分阶段的绩效评价,第一个关键的问题就是如何量化虚拟标杆。

第一步:构建绩效目标水准 D 和 KPI 的关系矩阵(表 9-1)。

表 9-1 **绩效目标水准 D 和 KPI 的关系矩阵**

KPI	KPI 的线性权重	绩效目标及其相应的水准 D				
		PO_1	PO_2	PO_3	...	PO_m
		D_1	D_2	D_3	...	D_m
KPI_1						
KPI_2						
KPI_3						
...						
KPI_n						

第二步:通过联系已经设定的绩效目标水准 D,以及绩效目标 PO 与 KPI 的相关矩阵,考虑各个 KPI 在全部 KPI 中的线性权重,并进行求和,得到各个 KPI 的内部标杆值,具体计算步骤如下:

$$IB_k = \sum_{i=1}^{n} D_i \cdot Q_k \cdot C_{ik} \tag{9-1}$$

式中,IB_k 为第 k 个 KPI 的内部标杆值;D_i 为对第 i 个绩效目标水准的设定;Q_k、C_{ik} 分别为第 k 个绩效指标的权重和第 k 个 KPI 与第 i 个绩效目标的相关性强弱。

其中,对 D_i 的设定采用了梯形模糊函数,即将其去模糊化,含义参见表 9-2。利益相关者主观评判转化为模糊数,即 $D_i = d(e_i + f_i + g_i + h_i)/4$。从而,式(9-1)可以变化为:

$$IB_k = \sum_{i=1}^{n} d_i \cdot Q_K \cdot C_{ik} \tag{9-2}$$

同理,可以得到基于绩效目标最优值和最差值的标杆。

第三步:设定标杆的语言变量。式(9-2)求出的标杆值需要与基于绩效目标最优值和最差值的标杆值进行比较,从而判断出内部标杆所处的位置,进而可以用于和项目具体的 KPI 值进行比较计算。设定的等

9.3 秭归长江公路大桥 PPP 项目的绩效评估

级分为四级：

①当 $(IB_k - IB_{k\min})/(IB_{k\max} - IB_{k\min}) \geq 0.9$ 时，语言标杆等级为"极好"(EG)；

②当 $0.75 \leq (IB_k - IB_{k\min})/(IB_{k\max} - IB_{k\min}) < 0.9$ 时，语言标杆等级为"好"(G)；

③当 $0.5 \leq (IB_k - IB_{k\min})/(IB_{k\max} - IB_{k\min}) < 0.75$ 时，语言标杆等级为"中"(F)；

④当 $(IB_k - IB_{k\min})/(IB_{k\max} - IB_{k\min}) < 0.5$ 时，语言标杆等级为"差"(P)。

同时，这四个等级也可用以判断各个 KPI 的值，在实际的 PPP 项目中判断具体的指标值的优劣时，则这些指标包含了较为广泛的含义。因而，这些指标有些可以定量，有些只能定性，这里主要结合定量的数据和定性的主观判断进行评判。

表 9-2 绩效子目标水准的语言变量评估和对应的模糊数

绩效子目标水准的语言变量	模糊数
非常差(EP)	(0, 0, 0, 20)
介于非常差和差之间(EP/P)	(0, 0, 20, 40)
差(P)	(0, 20, 50, 70)
介于差和中之间(P/F)	(30, 50, 50, 70)
中(F)	(30, 50, 80, 100)
介于中和好之间(F/G)	(30, 80, 80, 100)
好(G)	(60, 80, 80, 100)
介于好和非常好之间(G/EG)	(60, 80, 100, 100)
非常好(EG)	(80, 100, 100, 100)

9.4 秭归长江公路大桥 PPP 项目绩效监测

项目合同中涉及的政府支付义务，财政部门应结合中长期财政规划统筹考虑，纳入同级政府预算，按照预算管理相关规定执行。财政部门(PPP 中心)和项目实施机构应建立 PPP 项目政府支付台账，严格控制政府财政风险。在政府综合报告制度建立后，PPP 项目的政府支付义务应纳入政府综合财务报告。

项目实施机构应根据项目合同约定，监督社会资本或项目公司履行合同，定期监测项目产出绩效指标，编制季报和年报，并报财政部门(PPP 中心)备案。政府有支付义务的，项目实施机构应根据项目合同约定的产出说明，按照实际绩效直接或通知财政部门，向社会资本或项目公司及时足额支付。设置超额收益分享机制的，社会资本或项目公司应根据项目合同约定向政府及时足额支付超额收益。

项目实际绩效优于约定标准的，项目实施机构应执行项目合同约定的奖励条款，并可将其作为项目期满合同能否展期的依据；未达到约定标准的，项目实施机构应执行项目合同约定的惩处条款或补救措施。

秭归长江公路大桥的政府支付义务，在 PPP 项目的建设期间已足额补助支付到位。试运营与运营期间，政府应对秭归长江公路大桥设定 PPP 项目绩效监测机制，督导社会资本或项目公司根据项目合同约定，向公众提供优良使用性能的桥梁，确保过江通道畅通；向政府及时足额支付超额收益。

9.4.1 中期评估

1. 中期评估的内容及方式

项目实施机构应每隔 3~5 年对项目进行中期评估，重点分析项目运行状况和项目合同的合规性、适应性和合理性；及时评估已发现问题的风险，制订应对措施，并报财政部门(PPP 中心)备案。

中期评估的评估方式主要有两种：一是政府主管部门组织相关人员对特许经营项目进行中期评估；二是政府主管部门委托咨询机构作为第三方，对特许经营项目进行中期评估。

2. 中期评估步骤

1) 设计合理评估体系

PPP 项目根据项目建设内容的不同，会涉及产品质量、服务质量、运营管理等多方面的内容，因此中期评估首先要设计一个合理的评估体系，以反映企业在 PPP 项目执行层面的综合表现。可以建立基于关键绩效指标的多维立体评价体系，通过多种调研方法获取客观公正的评估依据，最后利用多种评分方法对 PPP 项目公司进行全方位的综合评价并给出合理化建议。

2) 应用合理调研方法

为保证评估的客观公正，真实地反映 PPP 项目公司经营现状，可以通过市场调查、实地调研和客户访谈等渠道获取资料数据。

3) 确定综合评分方法

评分方法可分为三类：定性评估法、定量评估法和综合评估法。定性评估法主要用于评价服务质量、企业文化、制度建设等指标；定量评估法主要用于评价产品质量、财务状况和生产运行管理等指标；综合评估法用于评价规划执行情况、安全保障及应急机制等指标。

4) 设定评分标准

在确定评估指标体系基础上，对于衡量企业经营绩效好坏的标准界定也非常重要。可以通过以下 3 种评价标准确定：国家和省市的相应规范和标准、省内同类城市的横向比较、企业特许经营前后的纵向对比。

5) 评分确定评估结果。

通过第三方评估或专家团，通过实地考察及从 PPP 项目公司、政府主管部门和社会公众获取的相关资料信息，依据评分细则对各项指标进行打分，最终得出本次中期评估的综合评价得分，并给出最终结果。

9.4.2 PPP 项目监管措施

1. 监管职责

政府相关职能部门应根据国家相关法律法规对项目履行行政监管职责，重点关注公共产品和服务质量、价格、收费机制、安全生产、环境保护和劳动者权益等。

社会公众及项目利益相关方发现项目存在违法、违约情形，或公共产品和服务不达标准的，可向政府职能部门提请监督检查。

2. 信息披露

政府、社会资本或项目公司应依法公开披露项目相关信息，保障公众知情权，接受社会监督。社会资本或项目公司应披露项目产出的数量和质量、项目经营状况等信息。政府应公开不涉及国家秘密、商业秘密的 PPP 项目合同条款、绩效监测报告、中期评估报告和项目重大变更或终止情况等。涉及秭归长江公路大桥的披露信息包括桥梁的健康状况和交通通行服务质量与通行量。

3. 违约处罚

社会资本或项目公司违反项目合同约定，威胁到公共产品和服务持续、稳定、安全地供给，或危及国家安全和重大公共利益的，政府有权临时接管项目，直至启动项目提前终止程序。

政府可指定合格机构实施临时接管。临时接管项目所产生的一切费用，将根据项目合同约定，由违约方单独承担或由各责任方分担。社会资本或项目公司应承担的临时接管费用，可以从其应获的终止补偿中扣减。

社会资本或项目公司对政府职能部门的行政监管处理决定不服的，

可依法申请行政复议或提起行政诉讼。

9.5 秭归长江公路大桥 PPP 项目移交

项目移交通常是指项目合作期限结束或者项目合同提前终止后，项目公司将全部项目设施及相关权益以合同约定的条件和程序移交给政府或者指定的其他机构。PPP 项目特许经营期满后，项目公司便需要将项目的经营权（或所有权与经营权同时）向政府移交。项目移交的过程主要分为移交准备、项目资产评估、项目性能和功能测试、资产交割、项目绩效评价 5 个阶段。

项目移交的基本原则是，项目公司必须确保项目符合政府回收项目的基本要求。项目合作期限届满或项目合同提前终止后，政府需要对项目进行重新采购或自行运营的，项目公司必须尽可能减少移交对公共产品或服务供给的影响，确保项目持续运营。

9.5.1 移交准备

项目移交时，项目实施机构或政府指定的其他机构代表政府收回项目合同约定的项目资产。项目实施机构或政府指定的其他机构应组建项目移交工作组，根据项目合同约定，与社会资本或项目公司确认移交情形和补偿方式，制定资产评估和性能测试方案。移交方式包括无偿移交和有偿移交；移交内容包括项目资产、人员、文档和知识产权等；移交标准包括设备完好率和最短可使用年限等指标。

采用有偿移交的，项目合同中应明确约定补偿方案；没有约定或约定不明的，项目实施机构应按照"恢复相同经济地位"原则拟定补偿方案，报政府审核同意后实施。

1. 移交内容

移交的范围通常包括：

(1)项目设施；

(2)项目土地使用权及项目用地相关的其他权利；

(3)与项目设施相关的设备、机器零部件、备品备件以及其他动产；

(4)项目实施相关人员；

(5)运营维护项目设施所要求的技术和技术信息；

(6)与项目设施有关的手册、图纸、文件和资料(书面文件和电子文档)；

(7)移交项目所需的其他文件。

2. 移交的条件和标准

通常包括以下两类条件和标准。

(1)权利方面的条件和标准。项目设施、土地及所涉及的任何资产不存在权利瑕疵，其中未含任何担保及其他第三人的权利。但在提前终止导致移交的情形下，针对移交时尚未清偿的项目贷款设置的担保除外。

(2)技术方面的条件和标准。项目设施应符合双方约定的技术、安全和环保标准，并处于良好的运营状况。

3. 移交费用

项目移交费用的承担可分为以下3种情况。

(1)由项目公司承担移交手续的相关费用，这也是比较常见的一种做法，而且办理移交手续的相关费用也会在项目的财务安排中予以预先考虑。

(2)由政府方和项目公司公共承担移手续的相关费用。

(3)如果因为一方的违约事件导致项目终止而需要提前移交，可以约定由违约方来承担移交费用。

9.5.2 PPP 项目资产评估

项目移交工作组应委托具有相关资质的资产评估机构，按照项目合同约定的评估方式，对移交资产进行资产评估，作为确定补偿金额的依据。

1. 组建与评聘 PPP 项目公司所移交项目的价值评估机构

在 PPP 项目公司移交项目的价值评估工作中，由于所涉及的公共基础设施建设项目的规模较大、专业性较强，因此应按最初协议的规定由项目公司或政府出面聘用双方均认同的第三方，完成所移交项目的价值评估工作。也可以由项目公司与政府各自分别推举若干专家组成评估机构，完成相关的价值评估工作。

无论 PPP 项目公司移交项目的价值评估机构如何组成，都要以公平、公正为原则。这样，PPP 项目公司移交项目价值评估机构才能真正站在第三方公正的角度，对所移交项目在移交时的价值作出公允、合理的评估结论。但由于评估结论对双方来说都会涉及利益问题，PPP 项目公司移交项目的价值评估机构欲做到公平、公正，还要克服来自各方面的压力与诱惑，这就需对 PPP 项目公司移交项目价值评估机构提出具体要求。

2. 确定 PPP 项目公司移交项目价值评估的组织工作

(1) 由评估机构完成 PPP 项目公司移交项目价值评估的组织工作。
(2) 遴选 PPP 项目公司移交项目价值评估的计划。
(3) 确定 PPP 项目公司移交项目价值评估所需资料。
(4) 完成评估报告。

9.5.3 性能测试

项目移交工作组应严格按照性能测试方案和移交资产进行性能测

试。性能测试结果不达标、不符合约定的移交条件和技术标准的，移交工作应要求社会资本或项目公司进行恢复性修理、更新重置或提取移交维修保函，以确保项目在移交时满足确定要求。

9.5.4 资产交割

社会资本或项目公司应将满足性能测试要求的项目资产、知识产权和技术法律文件，连同资产清单，移交项目实施机构或政府指定的其他机构，办妥法律过户和管理权移交手续。社会资本或项目公司应配合做好项目运营过渡相关工作。

1. 项目相关合同的转让

项目移交时，项目公司在项目建设和运营阶段签订的一系列重要合同，可能仍然需要继续履行，因此可能需要将这些尚未履行完毕的合同由项目公司转让给政府或政府指定的其他机构。为能够履行上述义务，项目公司应在签署这些合同时即与相关合同方(如承包商或运营商)明确约定，在项目移交时同意将所涉合同转让给政府或政府指定的其他机构。实践中，可转让的合同可能包括项目的工程承包合同、运营服务合同、原料供应合同、产品或服务购买合同、融资租赁合同、保险合同以及租赁合同等。

通常政府会根据上述合同以及项目继续运营的重要性，决定是否进行合同转让。此外，如果这些合同中包含尚未期满的相关担保，也应该根据政府的要求全部转让给政府或者政府指定的其他机构。

2. 技术转让

在一些对于项目实施专业性要求较高的PPP项目中，可能需要使用第三方的技术(包括通过技术转让或技术许可的方式从第三方取得的技术)。在此情况下，政府需要确保在项目移交之后不会因为继续使用这些技术而被任何第三方进行侵权索赔。

为此，PPP 项目合同中通常会约定，项目公司应在移交时将项目运营和维护所需要的所有技术，全部移交给政府或政府指定的其他机构，并确保政府或政府指定的其他机构不会因使用这些技术而遭受任何侵权索赔。如果有关技术为第三方所有，项目公司应在与第三方签署技术授权合同时即与第三方明确约定，同意项目公司在项目移交时将技术授权合同转让给政府或政府指定的其他机构。

此外，PPP 项目合同中通常还要约定，如果这些技术的使用权在移交前已期满，项目公司有义务协助政府取得这些技术的使用权。

9.5.5 绩效评价

项目移交完成后，财政部门(PPP 中心)应组织有关部门对项目产出、成本效益、监管成效、可持续性、PPP 模式应用等进行绩效评价并按相关规定公开评价结果。评价结果作为政府开展政府和社会资本合作管理工作的决策、参考依据。

9.5.6 PPP 项目移交阶段投资管理

进入移交阶段，PPP 项目在合作期的总投资与总成本基本上已经确定，此阶段造价管理的重点，是对 PPP 项目合作期的全造价和全过程进行绩效评估与后评价。包括但不限于衡量 PPP 项目实际造价与预期造价的偏差，并分析偏差产生的原因，判断项目投资是否达到了预期的效益。以为其他相同或相似项目提供经验与建议，助其改善管理，指导未来决策。

9.6 秭归长江公路大桥 PPP 项目后评价

秭归长江公路大桥 PPP 项目后评价是在公共基础设施 PPP 项目建成运营 2~3 年后，用系统工程的方法，对秭归长江公路大桥 PPP 项目决策、设计、施工、运营各阶段工作及其变化的成因，进行全面的跟踪调查、分析和评价。

9.6.1 PPP 项目后评价的基础

1. 项目后评价的目的

开展秭归长江公路大桥 PPP 项目后评价的目的，是通过对项目公司所执行的项目管理的政策、规划、程序及投资效益进行客观评价，总结经验教训，为相关部门不断提高项目决策能力、提升建设管理水平、合理利用资金、提高投资效益、改进管理及制定相关政策等提供科学依据。主要体现在如下3个方面。

(1) 及时反馈信息，调整相关政策，改进或完善实施项目。

(2) 增强项目实施的社会透明度和管理部门的责任心，提高投资管理水平。

(3) 通过经验教训的反馈，调整和完善投资政策和发展规划，提高决策水平，改进未来的投资计划和项目的管理，提高投资效益。

2. 项目后评价的基本原则

秭归长江公路大桥 PPP 项目后评价应坚持客观、科学的原则，项目后评价对事不对人，目的是总结经验教训，以便提高项目决策水平和管理水平，不应受项目各阶段文件结论的束缚。项目后评价的原则是：独立性、可信性、透明性和反馈性。

(1) 独立性，是指项目后评价不受项目决策者、管理者、执行者和前评估人员的干扰。不同于项目决策者和管理者自评的情况，项目后评价应由独立的咨询机构或专家来完成，也可由投资评价决策者组织独立专家组共同完成。"独立"是指从事项目后评价的机构和专家应是没有参加过项目前期的工程实施、咨询、管理的机构及个人。

(2) 可信性，取决于资料信息的可靠性和评价方法的适用性，取决于项目管理人员、投资方、项目最终受益者能否客观地参与项目的评价活动，为评价工作提供有价值的信息和资料。

（3）透明性，从评价成果的反馈和推广应用的效果来看，透明度越高越好。这样便于更多的单位和个人能在自身的工作中借鉴过去的经验教训。同时，评价的透明度越高，了解和关注评价的人也就越多。

（4）反馈性，和项目前评估相比，后评价的最大特点是信息的反馈。也就是说，后评价的最终目标是将评价结果反馈到决策部门，作为新项目立项和评估的基础，作为调整投资规划和政策的依据。因此，后评价的反馈机制、手段和方法便成了后评价成败的关键环节之一。

3. 项目后评价的必要条件

一般情况下，对秭归长江公路大桥PPP项目进行后评价，应具备如下条件：

（1）项目全部建成并通过竣工验收；

（2）项目运营2~3年以上；

（3）政府主管部门、项目公司认为有必要进行后评价的项目，可不受上述条件限制。

4. 项目后评价的基本内容

项目后评价主要包括下述6个方面的基本内容。

（1）秭归长江公路大桥PPP项目概述。概述秭归长江公路大桥PPP项目立项、决策、设计，以及开工、竣工时间等。它应突出反映项目的特点：简述项目的建设规模、技术标准和主要技术经济指标，以及建设项目立项决策、设计、施工等各阶段主要指标的变化情况等。

（2）秭归长江公路大桥PPP项目的过程评价。依据国家现行的有关法令、制度和规定，对秭归长江公路大桥PPP项目前期、建设实施期、运营管理期等进行分析和评价，从中找出变化原因，总结经验教训。

（3）秭归长江公路大桥PPP项目的效益评价。根据实际发生的数据和后评价时国家发布的参数进行国民经济评价和财务评价，并与前期工作阶段按预测数据进行的评价相比较，分析其差别和成因。

(4)秭归长江公路大桥PPP项目的影响评价。分析、评价该项目对影响区域的经济、社会、文化以及自然环境等方面所产生的影响。一般可分为社会经济影响评价和环境影响评价。

(5)秭归长江公路大桥PPP项目目标持续性评价。通过对建设项目的周边环境、配套设施建设、管理体制、方针政策等外部条件的分析，以及对运行机制、内部管理、运营状况、收费服务情况等内部条件分析，评价项目目标(社会经济效益、财务效益、环境保护等)的持续性，并提出相应的解决措施和建议。

(6)结论。根据前面几部分的分析结果得出关于秭归长江公路大桥PPP项目前期工作质量、有关指标变化的合理程度、管理水平、经济效益、社会环境影响、可持续发展等方面的评价结论。项目后评价的主要成果体现在如下4个方面：

①根据秭归长江公路大桥PPP项目运行情况修正原可行性研究；

②根据实际完成项目标准、规模、工期质量、造价及管养成本，与原计划对比；

③重新进行经济分析评价(含国民经济评价和财务分析)；

④对秭归长江公路大桥PPP项目全过程进行总结，提出可借鉴的经验，针对问题和教训提出改进措施和建议。

9.6.2 PPP项目后评价的分析方法

公共基础设施PPP项目的后评价通常采用综合比较法，即通过对项目产生的实际效果与决策时预期的目标比较，从项目作用、影响效果、效益、实施与管理、运营与服务等方面追踪对比，分析评价，从差异中发现问题，总结经验和教训，提高认识。前期工作的评价方法原则上可用于项目的后评价。

由于后评价是对项目前期工作、项目管理及运营状况的再评价，在综合比较时，尤其要注重定性分析与定量分析相结合，定性分析应该有定量分析作补充，定量分析必须由定性分析来说明。

1. 项目后评价的定性分析方法

项目后评价的定性分析方法有4种。

(1) 影响评价法：在秭归长江公路大桥PPP项目建成后，调研其在各阶段所产生的各种现实影响和效果，以判断决策目标是否正确。

(2) 效益评价法：把秭归长江公路大桥PPP项目的实际效益与项目的计划成本或投入相比较，进行营利性分析，以判断当初决定投资项目是否值得。

(3) 过程评价法：把秭归长江公路大桥PPP项目从立项决策、设计、招标直至建设实施各程序的实际进程，与原定计划、目标相比较，分析项目效果好坏，找出项目成败的经验和教训，使以后项目的实施计则和目标的制定更加切合实际。

(4) 综合评价方法：将上面3种评价方法有机地结合起来，进行综合评价。

2. 项目后评价的定量分析方法

1) 指标计算法

即通过对反映秭归长江公路大桥PPP项目的项目准备、项目决策、项目实施和项目运营各阶段实际效果的指标计算，来衡量和分析秭归长江公路大桥PPP项目建设所取得的实际效果。反映项目实际绩效的指标较多，如项目实际投资的效益成本比、实际内部收益率等。

2) 指标对比法

即通过实际数据或根据实际情况预测的数据，计算得到各种项目后评价指标，将其与预测指标或国内外同类项目的相关指标进行对比，来衡量秭归长江公路大桥PPP项目实际效果与预测效果或其他同类项目效果间的差距，进而分析其产生的原因，寻求解决的方案。

3）因素分析法

秭归长江公路大桥PPP项目投资效果的各项指标，往往都是由多种因素决定的，只有把综合性指标分解成原始因素，才能确定指标的成因。这种把综合指标分解成各个因素的方法，称为因素分析法。因素分析的一般步骤是：首先，确定某项指标是由哪些因素组成的；其次，确定各个因素与指标的关系；再次，确定各个因素所占份额。

4）统计分析法

这是一种纯数学分析方法，其基本思路是在秭归长江公路大桥PPP项目实施前，就某个分析目标分别选择两组考察对象，一个是实验组，一个是对照组，并记录下有关数据。实验组在项目所在地区，对照组应与实验组有类似特征且不在项目地区。然后在项目后评价时，再分别调取实验组与对照组的有关数据资料，运用统计检验的方法，来判断项目的实施是否给分析目标带来了显著影响。

统计法中常用的是回归分析法，它通常分两步进行：第一步是对项目实验组收入水平进行回归分析；第二步是对项目对照组进行回归分析。

3. 项目后评价的指标体系的设定

要进行秭归长江公路大桥PPP项目后评价工作，首先需要科学、全面地描述秭归长江公路大桥PPP项目从准备、决策、设计、施工到建成运营全过程的实际状况，以及反映实际状况与预测情况偏离程度的参数或物理量。这就是项目后评价的指标体系。项目后评价指标体系的设定应遵循以下原则。

(1)全面性。秭归长江公路大桥PPP项目后评价是对项目从提出到建成运营全过程的再评价。因此，项目后评价的指标要能全面地反映秭归长江公路大桥PPP项目从准备阶段到正常运营阶段全过程的状况，不仅要有反映项目运营阶段成本效益方面的指标，还需要有反映项目可行性研究、委托设计、招投标等前期工作和项目实施过程实绩的指标。

（2）代表性。反映秭归长江公路大桥PPP项目从准备到建成运营全过程的特征很多，从经济效益、组织管理技术水平、工程质量、运营状态、项目影响等方面可以提炼出一系列的指标。指标并不是越多越好，指标的设置要围绕后评价的目的，有针对性地加以选择。每个指标的含义应科学明确，代表特征要清楚，且相互之间不应有交叉和重叠。在满足全面性的前提下，指标体系应尽可能简洁明晰，富有代表性，这样才不至于给后评价的分析比较制造困难。

（3）可比性。秭归长江公路大桥PPP项目投资实绩的好坏，在相当程度上取决于比较标准的选择。为使项目后评价能够客观真实地反映投资项目的实绩，首先应保证项目后评价指标与前评估及项目实施过程中的有关指标基本一致。项目后评价指标设置还应与国内外同类项目的有关指标具有可比性，这样才有利于进行横向的对比分析。

（4）适用性。设置指标的目的，是为分析评价服务，因此所选的指标不仅应有明确的含义，而且要有一定的外在表达形式，是能够计算或观察感受到的，这样才能在实际工作中应用，具有可操作性。后评价指标的设置，还应考虑能够尽可能利用已有的、常规的统计数据和调研方法加以确定，从而保证指标的适用性和有效性。

（5）经济指标与技术指标相结合。经济指标是反映秭归长江公路大桥PPP项目功能、效益、工期、投资等经济效果的指标，如投资总额、收益总额、投资回收期等。它能够全面、综合地反映整个建设项目经济效益的高低，在项目后评价中起主导作用。技术指标也称单项指标，是从某一方面或某一角度反映项目实际效果大小的指标。

4. 项目后评价的程序

秭归长江公路大桥PPP项目后评价是一项涉及面较广的技术经济分析工作，不仅需要科学的方法作工具，而且需要严密的程序作保证。尽管各建设项目规模大小、复杂程度不同，每个项目后评价的具体工作程序也会有一定的差异，但从总体来看，项目的后评价都遵守一个客观的、循序渐进的基本程序。这个程序一般包括提出问题、筹划准备、收集资料、分析研究、编写报告、成果送审6个阶段。

1）提出问题，明确项目后评价的具体对象、组织机构和具体要求

秭归长江公路大桥PPP项目后评价工作，是基建管理程序规定环节，理应进行后评价。按照《公路建设项目后评价工作管理办法》的有关规定，我国公路项目后评价工作的重点是国家重点公路建设项目，包括40km以上的国道主干线项目、100km以上的国道及省道高等级公路项目、利用外资的公路项目、特大型独立公路桥隧项目以及上级主管部指定的项目。

秭归长江公路大桥PPP项目后评价的组织单位可以是国家发展和改革部门、交通行政主管部门，也可是项目法人或建设单位。无论哪种形式，在组织机构上都应满足客观性、公正性的要求，同时应具有反馈检查功能，这样才能保证项目后评价的客观公正，并把后评价的有关信息迅速地反馈到决策部门。从这个意义上讲，项目原可行性研究单位或实施过程中的项目管理机构都不宜作为项目后评价的组织单位。

2）筹划准备

筹划准备阶段的主要任务是组建一个人员结构合理的工作班子，并按委托单位的要求，制订一个周详的秭归长江公路大桥PPP项目后评价计划，后评价计划的内容包括项目评价人员的配备、组织机构的设立、时间进度的安排、内容范围与深度的确定、预算安排、评价方法的选定等。

3）深入调查，收集资料

秭归长江公路大桥PPP项目后评价必须以项目各阶段的正式文件和项目建设时期内进行的各种调查及重要运行参数的测试数据为依据。本阶段的主要任务是制定详细的调查提纲，确定调查对象和调查方法并开展实际调查工作，收集后评价所需要的资料和数据。这些资料和数据主要包括以下6个方面。

（1）建设资料，如秭归长江公路大桥PPP项目建议书、可行性研究

报告、初步设计、施工图设计及其审查意见和批复文件、工程概算预算、决算报告、项目政工验收报告及有关合同文件等。

（2）国家经济政策资料，如与项目有关的国家宏观经济政策、产业政策、国家金融、价格、投资税收政策及其他有关政策法规等。

（3）秭归长江公路大桥 PPP 项目运营状况的有关资料，如公路项目建成通车后历年的交通量情况、收费情况、设备利用情况、工程质量情况、维修养护管理费用情况、车速及交通事故变化情况、偿还投资贷款本息情况等。这一系列报表反映出了项目运营状况，必要时还需做相应的实际调查补充。

（4）反映秭归长江公路大桥 PPP 项目实施和运营产生的实际影响的有关资料，如环境监测报告、对周围地区和行业的影响资料。

（5）本行业有关资料，如国内外同类行业同类项目的有关资料。

（6）与后评价有关的技术资料及其他资料。

4）分析研究

围绕秭归长江公路大桥 PPP 项目后评价内容，采用定量分析和定性分析方法，发现问题，提出改进措施。项目后评价所采用的定量研究方法较多，如指标计算法、指标对比法、因素分析法、准试验方法、回归分析法等。

5）编制项目后评价报告

将分析研究的成果汇总，编制出秭归长江公路大桥 PPP 项目后评价报告，并提交给委托单位和被评价单位。项目后评价报告是项目层评价工作的最终成果，应该按照规定的文本格式和内容要求认真编写，既要全面系统，又要突出重点，简明扼要。后评价报告编制必须客观、公正、科学，不应受项目各阶段文件结论的束缚。

6）成果送审

秭归长江公路大桥 PPP 项目后评价报告编制完成后，建设项目的各有关部门和单位要认真对待后评价成果，从中吸取经验教训，并采取相应的对策、措施，进一步完善已建项目，改进在建项目，指导待建项目。

9.6.3 秭归长江公路大桥 PPP 项目后评价成果的应用

1. 秭归长江公路大桥 PPP 项目后评价成果的反馈

评价成果反馈机制是项目后评价体系中的一个关键环节。它是一个形成、推广、借鉴应用评价成果的动态过程。同时该机制还应保证这些成果，在已有或在建项目中得到采纳和应用。因此，评价作用的关键在于所总结的经验教训，是否在投资活动中得到合理利用。这些经验教训在项目周期的不同阶段管理中，均可被借鉴和应用，例如，立项阶段的项目论证和选定，项目准备阶段的设计方案优化和改进，在建项目实施中问题的预防和对策，完工项目运营中管理的完善和改进等。评价反馈系统通过提供和转送已完成项目的实际执行记录，增强了项目组织管理的责任制和透明度。

反馈过程有两个要素：一是评价信息的整理和报告，其中包含了评价者的工作责任，评价的成果和问题应该反馈到进行决策、规划、计划评估、监督和项目实施的机构和主管部门；二是评价成果及经验教训的推广、借鉴、应用，以之改进和调整政策的分析、制订，在反馈过程中，须在评价者及其评价成果应用者之间建立明确的互联机制，以保持紧密的联系。

后评价报告的反馈，可看成一个动态过程，即通过后评价信息的汇总、分析和运用，使其不断地反馈到已有和新建的投资活动中。反馈的效果取决于信息运用的策略和实践，取决于能否成功建立一个使后评价结果进入项目管理期的反馈机制。这样，后评价就可以成为"需求驱动型"的工作反馈机制。其责任和功能要满足不同决策层的要求，因而反馈必须是及时的、易接受的、简明扼要的、有针对性的、系统的、形式多样的和便于操作的。这就需要在机构设置上形成反馈的环链。反馈机制的建立应以立法形式确立，用正式和非正式的手段使后评价获得的经验教训，在新项目和新计划的制订过程中得到应有的重视。反馈机制应与4个方面建立紧密的联系，即与政策制定的联系、与计划管理的联系、与投资执行过程的联系、与人员培训系统的联系。

2. 加强秭归长江公路大桥PPP项目后评价与项目决策管理的联系

项目后评价的主要目的，是将项目后评价的成果反映到新项目的决策和管理过程中，传承经验、吸取教训。因此，对于行业主管部门和投资者来说，开展项目后评价的意义重大。为做好项目后评价工作，首先，要建立、健全投资管理的法规，从法律、制度、程序上形成体系，建立必要的执行和管理机构；其次，要建立项目管理的信息数据库，从项目的筛选、立项、实施、完工到运营全过程进行监测管理；再次，充实和发展后评价的业务队伍，在实践中运用和发展与国际接轨的评价理论、方法，不断提高项目后评价质量。

加强老项目后评价与新项目决策的联系是一个重要环节。通过这种联系，体现项目后评价的价值。在项目决策立项阶段，应借鉴国际经验，在项目可研(评估)报告中增加一项必备的内容，即"过去类似项目的经验教训"，说明过去投资同类工程的经验教训以及本项目拟采取的应对措施。在项目准备阶段，要建立信息系统的项目管理信息系统，明确项目的监测评价指标、监测程序、监测的执行和管理，没有建立信息系统的项目，竣工报告应达到项目自评报告的深度要求；在项目总结评价阶段，建立和健全项目后评价的制度和信息反馈机制，使之规范化、制度化。通过投资项目4个主要阶段的监测控制，形成一个比较完善的项目后评价体系。

3. 后评价报告成果的推广借鉴

秭归长江公路大桥PPP项目后评价报告成果，被有组织、有计划地推广到其他项目，供借鉴采用。这是改进政府与社会资本合作的计划和执行的重要手段。评价者应按照任务委托或合同协议的要求，根据不同的对象报送正式报告或摘要报告。通过适当的信息发布机制,将评价的信息,包括问题结论、建议和经验教训及时宣传推广,为后评价委托者(一般是政府主管部门)服务。在不同的情况下,推广借鉴形式有很大的差别,这主要取决于评价执行者的地位和经验、评价者对推广范围的理解、对服务对象的认识以及来自各个方面对信息的需求。推广形式不一定仅限于发送后评价报告,也可以用其他方式,如发送评价年度报告、综合研究专题报告或简报、自动数据库系统等,还可以办学习班研讨班,举行新闻发布会、专业会议以及内参材料等形式进行报道,推广到社会各个方面。

参 考 文 献

[1] 何籽僳. 区域城市交通规划理论·模型·方法[M]. 武汉：武汉理工大学出版社，2014.

[2] 马尚钦，余先见，郑宏伟，等. PPP 项目投资风险分析与对策建议[J]. 山西建筑，2018(9).

[3] 李强. 县域经济下的 PPP 模式在公路工程中的研究与应用[D]. 武汉：武汉轻工大学，2019.

[4] Samuelson. Economics[M]. Commercial Press, 2014.

[5] Fosler R Scott, Berger Renee A. Public-Private Partnership in American cities: seven case studies[M]. D.C.Health and Company, 1982.

[6] Luisa Affuso, Julien Masson, David Newbery. Pulibc-private partnerships in Toll Road Development: an overview of global practices [J]. Transportation Quarterly, 2000, 54(2):77-91.

[7] Christiall Von Hirschhausen, Thorsten Beckers, Andreas Brenck. PPP experiences in Indian cities: Barriers, Enablers, and the Way Forward [J]. Journal of Management in Engineering, 2011(4).

[8] Harvey Broks, Lance Liebman, Corinne S. Schelling. Public-Private Partnership: new opportunities for meeting social needs[M]. Bablishing Company, 1984.

[9] Grimsey Lewis. Value for money and the Public Private Partnership procurement process[M].Ireland, Department of Public Expenditure and

Reform,2004:23.

[10] Louie N L. Factors constraining successful building project implementation in South Africa [J]. Construction Management and Economics, 2003(25): 39-54.

[11] Mastoid M A, Enfield M. Objectives, success and failure factors of housing public eprivate partnerships in Malaysia [J]. Habitat International, 2005(35): 150-157.

[12] Siemiatycki. International handbook on Public-Private Partnerships[M]. Edward Elgar Publishing Ltd., 2010.

[13] Newswire P R. Fiscal responsibility: privileging PPPs in New Zealand [J]. Accounting Auditing & Accountability Journal, 2005.

[14] O'Donnell Vicki, O'Mahony Cathal. Revising our understanding and expectations of the international trade in services [J]. Journal of Transnational Management Development, 2004, 9 (1):59-78.

[15] Ilene Dorf Manahan. Privatization and Public-Private Partnerships[M]. NeYork: Chatham House Publishers, 2009.

[16] Dawson Lisa. Towards a general theory of land rent [M]. Harvard University Press, 2006.

[17] Nobuhiko Daito, Chen Zhenhua. The effects of urban rail transit system in Tokyo[J]. Urban Mass Transit, 2010.

[18] Geary Caitlin, McFarland Christiana. Sustainable transport: analysis flame—works[J].Journal of Transport Geography, 2010.

[19] George Schin. A local development project in the framework of public policies focused on regional development strategies [J]. Risk in Contemporary Economy, 2013(12):13-18.

[20] Nobuhiko Daito, Chen Zhenhua, Jonathan L Gifford, et al. Implementing public private partnerships during challenging economic times: case study of the 495 Express Lanes on the Virginia portion of the

Washington Capital Beltway Project（USA）[J]. Case Studies on Transport Policy，2013(s 1-2)：35-45.

[21] Jean-Etienne de Bettignies, Thomas W Ross. The economics of Public-Private Partnerships[J]. Canadian Public Policy，2004，30（2）：135-154.

[22] Zangoueinezhad Abouzar1, Azar Adel1. How public-private partnership projects impact infrastructure industry for economic growth[J]. International Journal of Social Economics，2014，41(10)：994-1010.

[23] Geary Caitlin, McFarland Christiana. Cities look to Public-Private Partnerships for economic development[M]. Nation's Cities Weekly，2010.

[24] 袁乐平，卢明湘，李曦坤. 民营资本进入基础设施领域探讨[J]. 河南工程学院学报(社会科学版)，2002，17(1)：3-6.

[25] 韩男. PPP 模式在长春龙嘉机场综合交通枢纽项目中的应用研究[D]. 长春：吉林大学，2018.

[26] 曹聪. 基于 PPP 融资模式的公路工程项目风险识别研究[J]. 重庆三峡学院学报，2013(3)：75-78.

[27] 吕华鲜，尧丹俐. 县域旅游开发研究——以广西灵川为例[J]. 南宁职业技术学院学报，2010，15(6)：84-86.

[28] 余华，彭程甸. 县域基础设施建设 PPP 模式的应用基础与机制创新[J]. 湖南财政经济学院学报，2015，31(4)：5-16.

[29] 叶帅. 实践 PPP 模式：助推县域经济发展[J]. 西部大开发，2016(3)：102-107.

[30] 李均龙. PPP 融资模式在农村水利建设中的应用[D]. 青岛：青岛大学，2018.

[31] 彭华. 我国公共基础设施建设 PPP 模式探讨[D]. 成都：西南交通大学，2007.

[32] 韩红云. 高速公路特许经营投资风险管理研究[D]. 武汉：武汉理

工大学, 2008.

[33] 田晓娟, 胡芳. PPP模式对县域经济发展的促进作用[J]. 财经学习, 2016(8): 182-183.

[34] 柯拥军. 创新运用PPP模式统筹推进项目建设[J]. 财政监督, 2015(11): 66-69.

[35] 张汉飞. 扩展的PPP模式: 化解县域城镇化资本强约束的新尝试[J]. 区域经济评论, 2013(4): 99-102.

[36] 吕华鲜, 尧丹俐. 县域旅游开发研究——以广西灵川为例[J]. 南宁职业技术学院学报, 2010, 15(6): 84-86.

[37] 余森. PPP模式下的工程建设项目全寿命周期监理创新体系研究与实践[D]. 武汉: 武汉轻工大学, 2019.

[38] 何秄傑. 武汉市新机场高速公路长寿命路面结构设计分析[J]. 中外公路, 2016(2): 50-54.

[39] 何秄傑. 房地产估价[M]. 北京: 化学工业出版社, 2014.

[40] 何秄傑. 生态道路与建筑美学[M]. 北京: 化学工业出版社, 2016.

[41] 何秄傑. 武汉城市道路路外停车收费模式研究[C]//第五届大城市交通高层论坛论文集. 武汉: 武汉出版社, 2015.

[42] 何秄傑. 公路原生态景观模式恢复与重建研讨[J]. 中小企业管理与科技, 2015(5): 185-186.

[43] 何秄傑. 公路交通安全评价方法探讨[J]. 交通科技, 2016(6).

[44] 何秄傑, 李朝炯, 王富. 武汉市中心商业区停车设施经营管理模式研究[J]. 交通科技, 2016(1): 161-163.

[45] 冯旭, 何秄傑. 基于物有所值的公路招投标评标方法研究[J]. 湖北公路交通科技, 2017(2).

[46] 何秄傑. 公路工程全寿命周期成本计算模式建立与应用[J]. 湖北公路交通科技, 2017(2).

[47] 李红民, 何秄傑. 建筑企业管理[M]. 北京: 化学工业出版社, 2012.

[48] 马尚钦, 马千里, 李强. 湖北香溪长江公路大桥PPP项目投资评估分析[J]. 科学与财富, 2018(36).

[49] 马尚钦, 余先见, 马千里, 等. 香溪长江公路大桥工程接线方案研究[J]. 交通科技, 2019(1): 109-112.

[50] He Xiaoming, Yang Ming, Lu Rong. Establishment and discussion of traffic accounting matrix[C]//Intelligent Computation Technology and Automation, 2008.

[51] 何晓鸣, 张孝伦, 綦澎. 农村路网规划的经济规模分析[C]//第三届全国公路科技创新高层论坛论文集, 2006.

[52] 何晓鸣, 董越英. 农村公路普及规划深度及发展预测[J]. 武汉工业学院学报, 2005(3): 78-81.

[53] 何晓鸣, 程英伟. 道路勘察设计[M]. 北京: 化学工业出版社, 2010.

[54] 邓康进. 城乡一体化背景下的县乡村公路网规划方法新探索[D]. 武汉: 武汉轻工大学, 2018.

[55] 冯旭. 投资产出系数矩阵在公路工程招投标阶段的应用研究[D]. 武汉: 武汉轻工大学, 2017.

[56] 胡文芳. 公路工程造价审计的核算矩阵模式研究[D]. 武汉: 武汉轻工大学, 2018.

[57] 黄文娟. 区域物流与区域经济发展预测及效率分析[D]. 武汉: 武汉轻工大学, 2015.

[58] 康兰芳. BOT模式的投资研究——以荆州市监利容城新洲码头工程为例[D]. 武汉: 武汉轻工大学, 2015.

[59] 李姝瑜. 建设以站带点的城乡道路客运一体化模式研究[D]. 武汉: 武汉轻工大学, 2016.

[60] 罗岸. 基于全寿命周期的公路工程建设规模决策评价研究[D]. 武汉: 武汉轻工大学, 2016.

[61] 刘卫娟. 城市干道连续交通系统关键技术研究[D]. 武汉: 武汉工

业学院，2012.

[62] 苏洁. 公路绿色施工系统熵模型研究[D]. 武汉：武汉轻工大学，2016.

[63] 汤邵青. 建筑学定义下的桥梁建筑形象学基础研究[D]. 武汉：武汉轻工大学，2015.

[64] 伍昕茹. 高速公路交通安全评价及工程措施技术研究与应用[D]. 武汉：武汉工业学院，2013.

[65] 张鸿嘉. 旅游公路安全保障设计与景观和谐研究[D]. 武汉：武汉轻工大学，2015.

[66] 郑建伟. 高速公路施工区交通安全分析与评价方法研究[D]. 武汉：武汉轻工大学，2015.

[67] 郑杰文. 基于幸福指数城市交通评价指标体系的构建研究[D]. 武汉：武汉轻工大学，2017.

[68] 钟燕敏. 公路网县域微循环系统规划布局研究[D]. 武汉：武汉轻工大学，2014.

[69] 周志. 县域旅游公路景观与环境协调性研究与应用[D]. 武汉：武汉轻工大学，2014.

[70] 周林. 高速公路沥青路面预防性养护对策优选研究[D]. 武汉：武汉工业学院，2008.

[71] 邓焕彬. 公共基础设施PPP项目管理[M]. 北京：人民交通出版社，2017.

[72] 交通运输部公路局，中交第一公路勘察设计研究院. JTG B01—2014 公路工程技术标准[S]. 北京：人民交通出版社，2014.

[73] 胡方年. 咸宁航空港建设项目机会可行性研究[D]. 武汉：中国地质大学(武汉)，2009.

[74] 胡军. 咸宁市水路运输规划[D]. 武汉：中国地质大学(武汉)，2009.

[75] 李源. 石首市公路网规划之需求预测研究[D]. 武汉：中国地质大

学(武汉),2011.

[76]谭冰. EPC 模式下工程项目成本管理研究[D]. 武汉：中国地质大学(武汉),2010.

[77]王博. 武汉城市圈新农村公路可持续生态平衡模式研究[D]. 武汉：中国地质大学(武汉),2010.

[78]徐燕. 咸宁市公路网规划的综合评价研究[D]. 武汉：中国地质大学(武汉),2010.

[79]张悦悦. 道路桥梁景观与环境和谐的评价体系研究[D]. 武汉：中国地质大学(武汉),2011.

[80]赵巍. 武汉铁路局物流综合分析及布局规划[D]. 武汉：中国地质大学(武汉),2011.

[81]何熙. 基于与环境相协调的道路典型路段设计研究[D]. 武汉：武汉工程大学,2015.

[82]李文熠. 海南木棉湖国际文化旅游度假区投资与成本控制研究[D]. 武汉：武汉工程大学,2018.

[83]林辉. 四川省某景区旅游公路景观设计研究[D]. 武汉：武汉工程大学,2018.

[84]刘毅. 大悟县乡公路网规划布局研究[D]. 武汉：武汉工程大学,2013.

[85]吕晓兵. 考虑景观因素的黄石城区江滩防洪整治研究[D]. 武汉：武汉工程大学,2014.

[86]沙杉. 公路工程全过程造价管理在设计阶段的成本控制研究[D]. 武汉：武汉工程大学,2018.

[87]石晓康. 荆州市道路客运一体化发展模式研究[D]. 武汉：武汉工程大学,2017.

[88]王慧. 东湖通道工程重度人工干扰区植被生态修复技术研究[D]. 武汉：武汉工程大学,2017.

[89]王伟. 杭瑞高速公路湖北段生态景观恢复模式研究[D]. 武汉：武

汉工程大学，2014.

[90] 吴明宝.建筑工程项目的全过程质量控制及监管研究[D].武汉：武汉工程大学，2018.

[91] 吴硕.新农村建设中的村庄规划研究[D].武汉：武汉工程大学，2018.

[92] 席方腾.石首市区域交通运输发展战略研究[D].武汉：武汉工程大学，2017.

[93] 徐浒.金银潭地铁站施工区交通流特性研究[D].武汉：武汉工程大学，2015.

[94] 周星.武汉三环线五座桥梁养护管理研究[D].武汉：武汉工程大学，2015.

[95] 何俊鹏.农村电子商务与物流运输一体化模式研究——以嘉鱼县为例[D].武汉：武汉轻工大学，2019.